已经发生的未来属性

——云计算环境下的产业变革

张海宏 著

北京工业大学出版社

图书在版编目（CIP）数据

已经发生的未来属性：云计算环境下的产业变革/张海宏著．—北京：北京工业大学出版社，2011.7

ISBN 978-7-5639-2773-9

Ⅰ．①已…　Ⅱ①张…　Ⅲ．①计算机网络-高技术产业-研究　Ⅳ．①F416.67

中国版本图书馆 CIP 数据核字（2011）第 119012 号

已经发生的未来属性

——云计算环境下的产业变革

著　　者： 张海宏
责任编辑： 程业刚
出版发行： 北京工业大学出版社
（北京市朝阳区平乐园 100 号　100124）
010-67391722（传真）bgdcbs@sina.com
出 版 人： 郝　勇
经销单位： 全国各地新华书店
承印单位： 北京溢漾印刷有限公司印刷
开　　本： 787mm×1092mm　1/16
印　　张： 14.25
字　　数： 128 千字
版　　次： 2011 年 7 月第 1 版
印　　次： 2011 年 7 月第 1 次印刷
标准书号： ISBN 978-7-5639-2773-9
定　　价： 32.00 元

如果你从事物本质属性的“全局性”角度去看问题，你就会发现什么重要，什么不重要，什么会使你变得重要！

If you look at the problem from the ‘overall situation’ point of essence attribute of things,

you will find what is important and what is not important, what makes you important!

权威专家推荐

我是在2010年对张海宏博士的桌体平面属性的“云端硬体”技术有所了解的。当海宏博士全面向我介绍了他研制“云端硬体”技术的过程及现状之后，我震惊了。以前我对云计算技术只是有所了解，一直觉得距离实际应用还很遥远。没想到这次竟然离我们这么近，使我们一下纵身来到了“云端”。

海宏博士所做云端技术的选题新颖、视角独特、技术先进，这给我留下深刻的印象。随着计算机“云技术”的诞生，它的魔力将真正改写互联网的历史；移动互联网的真正腾飞，将更多基于云的应用和云计算，当终端、应用、平台、技术以及网络速度提升之后，将有更多具有魔力的应用和内容出现。

互联网技术与云计算技术的融合发展带动了新兴的经济体——移动互联网，而移动互联网技术又催生了海宏博士研发的“云端硬体”技术。未来的互联网发展，不仅平板属性的手机以及平板电脑都可以作为“云端硬体”，云计算还将与“桌体平面属性”互补，实现云计算和互联网的互补效应。今后当更多的具有桌体平面属性的云端硬体接入互联网时，就会为应用者带来巨大变化。

海宏博士有着多年的科研经验，在云计算前沿实践中，他对新技术的探索与追求一刻未停。这完全得益于他坚持不懈的追索、刻苦学习与勤奋钻研。本书的出版就是一个很好的印证。

李克诚

权威专家推荐

现在已进入信息时代，信息技术已发展成为世界经济与社会发展的重要动力。电子信息是我国国民经济的先导性和战略性产业，对于促进社会就业、拉动经济增长、调整产业结构、转变发展方式和维护国家安全具有十分重要的作用。

国家高度重视信息技术产业的发展，“十二五”规划将新一代信息技术产业作为战略性新兴产业加以培育和发展。具体提出，加快建设宽带、泛在、融合、安全的信息网络基础设施，推动新一代移动通信，下一代互联网核心设备和智能终端的产业化，加快推进三网融合，促进物联网、云计算的研发和示范作用，着力发展集成电路、新型显示、高端软件、高端服务器等核心基础产业，提升软件服务、网络增值服务等信息服务能力，加快重要基础设施智能化改造，大力发展数字虚拟等技术，促进文化创意产业发展。

“十二五”规划为大屏幕显示产业指明了方向，大屏幕显示产业是推动三网融合、物联网和云计算发展应用的重要力量，是软件服务和网络增值服务的重要载体，是数字虚拟技术和文化创意产业的重要展示通道和发展空间，是我国最普及、最便捷的信息工具，是人们享受文化生活、获取各种信息的重要手段和主要来源，对促进我国经济和社会信息化的发展具有重要意义。

“十二五”规划中将云计算列为重点发展的新一代信息技术产业。

云计算是一种IT资源的交付和使用模式，即通过网络（包括互联网和企业内部网）以按需、易扩展的方式获得所需的硬件、平台、软件及服务等资源。提供资源的网络被称为“云”，其计算能力通常是由分布式的大规模集群和服务器虚拟化软件搭建。

当前，我国云计算尚处于技术储备和要领推广的起步阶段，但已表现出良好的发展势头。云计算行业发展迅速，从事云计算研发、服务、基础网络设施建设和终端设备制造的企业呈现爆发增长，产业生态链也正在构建中。重点行业的应用开始起步。本书所介绍的“云桌”就是终端设备，它是桌体表面显示设备，也是正在构建中产业生态链的一环。

展望我国云计算的未来，将对社会与经济产生巨大影响，将推动我国信息基础设施建设和信息化进展；将构建更大的生态系统，提振我国IT产业；降低总体拥有成本，助力绿色IT

和节能减排；将支撑中小企业信息化升级，保障国家经济平稳较快发展。随着云计算生态链的逐步成熟，相关产业链主体均会在这一轮IT浪潮中找到自身优势位置，加速自身业务优化升级，推动整体IT产业的跨越式增长。

本书试图从事物本质“属性”的全局性视角去辨别云计算产业发展趋势，并提出云计算环境下未来使用者“云端硬体”产业变革方向。这种看法对那些关注云技术及其相关产业的人们很有启示，会对我们发展云计算产业提供有益帮助。

赵汉鼎

导读 Guided reading

人类的每一次全球经济危机的背后都将催生一次技术变革或产业革命！然而人类每次技术变革的成功，都会伴随着某种新兴事物的诞生，同时也会有该事物的新兴属性的诞生，就像达尔文的进化论描述的那样，你会不经意地感受它的到来。当前的云计算及其环境下的用户端（client）云端硬体产业就是如此场景。

这是一本从当前云计算这个新兴事物本质属性的“全局性”角度，去揭示云计算环境下已经发生的未来使用者端（client）“云端硬体”属性以及云端硬体（clouds hardware）产业变革趋势的书。同时，这也是一本以事物本质“属性”的“全局性”角度揭示事物及其发展趋势的思维行动路径的书，还是一本关于如何把握事物属性规律的书，书中从事物不同层次的联系论述了事物发展趋势及其本质属性的全局重要性！

有人会问：赢家到底用了什么方式从当今“战乱”的商业竞争环境中迅速地获取了商业竞争的胜利，有时甚至“神不知鬼不觉”，并且赢家一直处于主动？也许你早已意识到了这一点，但始终不知究竟。“为什么我的企业总是不能把握趋势，刚刚进入竞争状态，甚至还没有弄清楚怎么回事，竞争就有了定局与结果，似乎竞争就已经结束，在竞争中自己的企业一点儿也不重要？”面对云计算同样会有人提出这样的问题，有人甚至还没有弄清楚云计算是什么东西，云计算就已经来临了。如果你的认知、方向偏离了未来“属性”的趋势，不论你怎样努力，一切都将不再重要，因为你已经无足轻重了，忽略了“属性”你将远离趋势。因为不是云计算这个新兴事物的主动创造者，失去了对这个新兴事物本质属性的拥有与认知。

通过在这本书里提供的“属性”路径，也许你会找到如何应对这样竞争环境局面的“秘诀”。这些“秘诀”在专业的商业教育中只能零星学到，甚至不太可能学到。长期以来繁杂细节的多样性管理路径将层层的问题独立化、孤立化，这些繁杂细节几乎成为商业管理的多样性，这些繁杂细节的碎片信息让人们忽略了从事物本质属性的“全局性”角度去思维，让人们忽略了从事物的本质属性的“全局性”角度看问题的重要性，也许这些不应该归因于长期以来那些经济学家习惯并热衷于这些独立和孤立的问题的研究的结果。如果你以“对错”的见解层次去看这个问题，你会一直处于商业竞争“战乱”的状态；如果你站在属性的“全局性”角度，以一种“适应”或“不适应”的见解层次去看这个问题，你会脱颖而出并走出

“战乱”环境；可见，你的见解层次很关键。众所周知，任何事物都有它的本质属性，商业管理也不例外，繁杂多样的管理学说，其本质是为人们提供解决各种商业问题的路径，只是哪条路径适合或者不适合你，选择适合你的路径才是正确的，这就是从商业管理的本质属性看问题的角度，这就是你的见解层次与选择的重要性。如果你从事物的本质属性的“全局性”角度去看问题，你会发现什么最重要，什么不重要，什么会使你变得重要！战略并非是企业管理的最高层次，只是战略的制定在企业的最高层，战略最终是为企业宗旨服务，然而企业宗旨又是企业本质属性的“全局性”的诠释，如此，可以间接地看作——战略最终在为企业本质属性的“全局性”服务，可见企业本质属性是高于战略的层次。那么你就能判断出什么重要或者为什么重要！

不同层次的事物都有不同层次的属性，是什么让人们忽略了属性的重要性？本书将从事物的本质属性的“全局性”角度去揭示属性的重要性，让读者了解属性的重要性，去揭示云计算环境下已经发生的产业变革，希望读者通过本书掌握对“不同事物的不同层次属性”认识的路径，让你从此变得很重要！本书将会从曾经辉煌的“台式”属性以及正在改变世界的“平板”属性和即将影响世界的“桌体平面”属性三个不同属性的‘全局性’角度去揭示云计算环境下的产业趋势。

云计算环境下，不同属性的云端硬体都将出现，如微型平板属性端硬体、平板属性端硬体、桌体平面属性端硬体、台式属性端硬体。面对已经发生的未来，伴随着不同云端硬体的诞生，也诞生了不同云端硬体的属性，例如“桌体平面”这个已经发生的未来属性。本书将从云计算这个新兴事物的本质属性的“全局性”角度，去揭示云计算环境下已经发生的云端硬体产业变革趋势。

本书中出现了一些论述主题词汇和一些新兴词汇，以下作为关键词提出，如下表所示，以便引起读者对本书内容的关注与理解。

表　关键词

关　键　词			
事物本质属性	云端硬体	桌体平面属性	云桌
属性	台式属性	控制自动化	感知自动化
传感器集群	属性定位	云体	云关
平板属性	屏幕输入	表面通信	办公信息家具
云计算环境	云端	属性统一	非法度创新
悖论	趋势属性	属性终结	产业变革
主动创新	工作场景	全局性	见解层次
路径	角度	未来属性	重要性
传感器	智能传感器	文化属性	多样性
管理路径	机制	云计算	趋势
独立的	融合	孤立的	三网融合

注：以上关键词的提出仅用于本书作者个人观点使用，不负责被转载后的任何责任。

前言 Foreword

云计算来了！似乎在世界的每一个角落都能看到这个新兴事物涌现的消息，一种势不可当的趋势正在影响着我们和我们的世界，当许多人对云计算这个新兴事物一知半解的时候，有人在问："云计算到底是个什么东西？"当然，从个体理解的主观性，从不同的角度，可以做出多种不同的回答。

我们发现，如果你的认知方向偏离了未来本质属性的"全局性"趋势，面对云计算这个新兴事物领域，不论你曾经怎样努力，一切都将不再重要，因为你已经无足轻重了，忽略了云计算的本质属性，你将远离云计算这个新兴趋势。那么，云计算的本质属性与当前的云计算多样性现象到底具有怎样的联系呢？云计算的本质属性又是怎样的呢？云计算环境下又会产生哪些趋势呢？

当然，从不同的角度来看云计算，还有更多的说法，这些说法不尽相同。简单地说，云计算的本质是一种智慧类型的互联网，云计算是智慧信息技术的重要组成部分，云计算代表着信息技术当前发展的新阶段，智能化是它的外在表现。原有的PC机将被虚拟化，云计算环境下的计算机的使用方式将会发生变化。重要的是，云计算带给社会的是信息资源获得的便利性以及利用率的提高。云计算这个智慧互联网的云端将为人们提供各种形式的智能化应用。虽然这些还不是云计算本质属性的全部，云计算还在进化当中，但是让我们初步认识了云计算。简单地说，就是把所有的数据全部放到网络上处理！就是将运算能力提供出来作为一种服务，使企业或个人可以通过网络取得，也就是让网络上不同的计算机同时帮你做一件事，大幅度提高处理所需要的速度。云计算本质上就是代表分布式计算（distributed computing）的概念，云计算就是这些概念的商业化表现。其实，云计算是什么？对于终端客户一点儿也不重要，重要的是云计算伴随着这些本质属性正在向成熟进化，正在商业化并已经成为世界趋势。

是谁让我们忽略了属性的重要性？那么我们又如何看待云计算？除了云计算本身以外，在云计算的环境里会发生哪些趋势呢？本书将以事物本质属性的“全局性”角度去揭示因其而带来的产业趋势，为你能够搭上这班趋势快车尽一点“微博”之力（书中内容部分来自于张海宏“云平台 cloudtable”微博）。

众所周知，现象只是事物本质属性的多样性表现，利用现象看事物本质属性是片面的，现象只是事物本质属性的一部分，不是全部，因为现象与事物的本质属性的联系是多样性的，然而联系是客观的，凡真实的联系都是事物本身所固有的联系，而不是人们强加给事物的主观臆想的联系。联系的客观性，要求人们从事物的固有联系中去把握事物。

事物的发展在不同机制环境的作用下，其表现出的现象往往是多种多样的，当前的云计算就是如此，当你从多种多样的现象去看事物的本质属性时，也就是你的思维从表面向深层次看问题时，你的视角和见解也是多种多样的。用现象揭示现象或利用多种多样的现象看事物的本质，人们大多会各抒己见，所以才导致“唇枪舌剑”的现象。如果用现象揭示现象，就脱离了事物的本质属性，你将会偏离或迷失你自己的观点与认知，因为现象往往不能诠释事物的本质属性及其发展趋势，那么怎样认识属性，又如何从事物的本质属性角度去看问题呢？我用三个简单的例子来做一个描述；第一个用于说明一个事物（物）具有多个面，不同的角度会看到不同的面（如例1）；另一个用于说明事物（人）的本质属性与多样性现象的表现（如例2）；再一个用于说明从事物（事）的本质属性角度看趋势（如例3）。

例1 一个正方体有6个面、32个角（24个平面直角+8个立体角，这只是从外侧简单地去看这个正方体所看到的结果，如果从这个正方体的内侧向外看，就会看到更多的面和角)，当从一个面的角度去看这个正方体，这个正方体表现的只是1个面和4个平面角，其他5个面和28个角根本看不见；当换一个角度去看这个正方体，才会看到这个正方体的其他的面和角。从数学的角度分析，从外面看，只有从这个正方体的6个面和8个角才能全面看到这个正方体的全部。从物理的角度分析，从外部360°的角度才能看到这个正方体的全部。如果从这个正方形的内侧向外看或利用空间学多维角度去看，还会看到更多的面和角。现实生活中任何事物都会有多个面和角度，如果只从单个方面或角度看问题，因缺少对事物本质属性的“全局性”的认知，只知其一不知其二，这是不能从“全局性”认知事物本质属性的主要原因，也是无法将事情做正确的主要原因。

例2 女人表现出的母系现象是多样的，如美丽、漂亮、时尚、娇媚、温柔、贤淑、妖娆、端庄、母爱等，你能用其中一种现象揭示女人的母系本质属性的全部吗？显然不能，如果你用美丽揭示时尚的方式或用时尚揭示贤淑的方式来揭示女人的母系本质属性的全部，似乎你的观点与此都有关系，但是无论怎样也无法真正表达与诠释，因为你远离了实际女性的母系本质属性。

例3 当前，国内几乎每一个城市都能看见大量的居民住房的建设。居民住房的本质属性就是用来住的，但是伴随着各种机制环境的作用，居民住房出现了商品性用房、买卖房屋、福利房屋、回迁房屋、出租房屋、经济适用房、花园式洋房、别墅、鬼城等多种现象，你能够只用其中一种现象揭示居民住房的全部本质属性吗？当然不能，当不同的人从这些不同的现象去揭示居民住房的全部本质属性的时候，因视角不同就会产生不同的见解。可是现实当中，就有很多用现象揭示现象的，到处都是关于对居民住房的揭示观点，随处都可见“唇枪舌剑”的辩论，以至于全社会的房子的拥有者，都凭借主观意识希望自己手中的房子升值，这些炒房者脱离了居民住房的使用本质，这些现象不能诠释居民住房的本质属性的全部。房屋价格已经脱离了大多数住房需求者的实际购买能力，许多人忽略了房子最终只是用来住的本质属性。这种脱离实际购买能力的高价房屋最终推动的不是居民住房的销售与买卖的趋势，更不是房屋的需求量的增加的趋势，而是推动了租房的趋势。居民住房的高价格脱离了大多数住房需求者的实际购买能力，这已经成为现实，这个现实摆在住房需求者的面前，租房与买房最终都是为了居住，对于住房需求者而言，哪种更适合、更实际，就会选哪种。居民住房用来住的属性没有变，变的是居民获得房屋居住的方式。通过对居民住房这种事物的本质属性的角度看问题，让我们看到了居民住房的新趋势。

到底什么是属性？如何从事物本质属性的“全局性”角度来揭示今天的产业趋势呢？属性到底有多重要？属性与发展有什么关系？属性与战略、文化、机制、定位、趋势之间是怎样的关系？书中以事物本质属性的“全局性”角度并以属性为题来阐述什么是事物的属性及其发展趋势。

事物之间的联系是极其复杂而多样的。按照特点和性质，联系可分为内部联系和外部联系、直接联系和间接联系、主要联系和次要联系、必然联系和偶然联系、本质联系和非本质联系，等等。事物的不同联系对事物的存在和发展起着不同的作用，其中事物内部的、本质的、必然的联系，决定着事物的基本性质和发展趋势，事物外部的、非本质的、偶然的联系可以加速或延缓事物发展的作用，有时甚至起着重要的关键的作用。本书采用由深到浅的思维方式，从不同层次的事物本质属性看表面现象，并以属性的“全局性”角度揭示产业趋势。

一直以来，无序的竞争夹杂着多样性管理路径，使我们忽略了对“属性”的关注。在现实的生活中，人们会从不同角度用不同的方式去看问题。那么如何从事物本质属性的“全局性”角度去看当前正在发生的云计算这个新兴事物和在它的影响下即将发生的趋势呢？

数字化计算正在发生根本性的变化，云计算就是此变化的开始，此变化将与十几年前的互联网出现后带来的变化同样显著。让我们来看看云计算这个新兴事物的本质属性。云计算的出现使原来的PC机不再重要，因为云计算最终使PC机虚拟化，计算机的使用方式将要发生变化。过去，运行程序和数据都存放在使用者自己的PC机里，而云计算是把使用者自己的文件放到“云”里，运行程序和数据是在一个虚拟网络的计算机里，虚拟空间不受限制，有多大文件就占用多少空间，使用者在这里没有空间浪费。不仅如此，使用者所需要的应用程序也在“云”里，使用者不需要“自装”应用程序到桌面，所有的信息与应用软件都将运行在“云体”里面。这个“云体”由数百或数千台通过互联网相互融合的个人电脑或网络服务器组成，而使用者“个人”只需在“云端”操作。这个云端是一个Web桌面，Web桌面不同于原来的PC机桌面，使用者们不再受到桌面的限制，使用者所使用的软件程序存放在能够通过因特网访问的“云体”上，即使你的PC机崩溃了，该程序仍然可以供其他人使用。对于你所创建的文档同样如此，它们存放在能够通过因特网访问的“云体”中，任何具有权限的人不仅可以访问这些文档，而且可以对这些文档进行实时编辑和协作。与以PC机为中心的计算模式不同，云计算模式是以文件或任务为中心的，PC机与云计算的使用场景差异如下表所示。这样一来，台式属性的PC机将走向末路，你使用哪一台PC机来访问文档不重要，“云端”才是我们必须面对的“云关”。云计算环境下不同属性的云端硬体此时将会出现，这一点对于用户非常重要。对于大多使用者来讲，无需关心云计算中通过互联网相互融合的个人电脑或网络服务器的“云体”，如同生活中人们不必关心自来水厂、发电厂，你只需在意你的水龙头终端、用电终端即可，正如维基百科所认为的那样，客户不需要知道如何管理那些支持云计算的设施。

表　个人计算机与云计算使用场景差异对比

个人计算机	云计算
控制自动化	感知自动化
多样性整合	多样性融合
集群集成应用	协同应用
计算机与网络是分离的	网络就是计算机
计算模式以 PC 机为中心	计算模式以文件或任务为中心

云计算的发生并没有使互联网的本质属性发生变化，互联网还是原来的互联网，变化的只是计算机以及网络的使用方式，这个使用方式是云计算的本质属性的重要部分。有人说，云计算是 21 世纪的一次计算机革命。其实，计算机还是原来的计算机，计算机的本质属性并没有变，变化的只是计算机的使用方式，云计算将计算机虚拟化了，使网络成了计算机。

云计算的到来，使网络成了计算机，计算机被虚拟化了，对于使用者只需要一个端也就是云端，同时也需要一个云端硬体，云端是使用者必须面对的云关，然而这个云端绝不是一个简单的上网设备，智能才是云端与云端硬体的主要表现，各种传感器的集成与融合使用是云端硬体的基本特征。从使用的实用性来讲，云端硬体也要满足便携、移动和固定三种方式。美国普适计算的马克·维瑟为这种智能端设备定义了三种形式，并以尺寸划分为以 cm 为单位的便携式（穿戴）的形式、以

dm 为单位的移动手持式的形式、以 m 为单位的大型固定式的形式。苹果公司就是一直沿着这个趋势完成了 iPod、iPhone、iPad，虽然还未见到苹果公司公开的以 m 为单位的这种智能端产品，但是微软却已经有了 Surface。除此之外，索尼已经有了 atracTable，云桌已经有了 cloudtable 等。

目前以 cm 和 dm 为单位的便携形式和以 dm 为单位的移动手持形式的云端产品借助了主流平板属性，并且这个平板属性的端正在影响和改变着世界，正如我们所见的苹果公司 iPhone、iPad 这些具有平板属性且能够上网的端硬体产品。从目前正在影响和改变着世界的端硬体产品的本质属性角度看，“平板属性”的端硬体正是目前以及未来的趋势。

云计算给我们带来便利的同时，人们的办公环境也会随之变化，其中，这本书还重点阐述了云计算环境下的外体以米为单位的新兴桌体平面属性的云端硬体。云端并非是简单化的，而是需要智能化，这个智能是以传感器的集成与融合为主题完成的。它需要一个“属性”作为支撑，伴随着云计算的进化与发展，人们的固定形式工作平台将会出现以米为单位的云端硬体，办公环境也需要面对这个已经发生的未来。除了目前正在改变世界的“平板属性”，云端硬体正在推动以米为单位的大型固定形式的“桌体平面属性”产业的进化趋势，今天桌体平面属性已经来临并成为现实。

本书的第一章阐述了什么是属性，让读者认识属性、了解属性，从不同的因素关系了解关于属性和对属性多方面的认知，让人们了解属性是指人利用主观意识，对不同层次事物的本质相对不同层次的归属、划分与定位。在人的主观意识里，事物都有它的本质属性，属性的本身具有多样性，属性又具有不同层次的统一性。通过本章的阐述让读者能够从事物的本质属性的“全局性”角度去看问题，认识属性的重要性，用“由深入浅”的一种“全局性”视角去认识事物的本质属性。同时也为了以下章节的阅读与理解起到一个导向作用。

本书的第二章以台式属性产品的发展史以及事物历史时空进展方式阐述了曾经辉煌的台式属性 CRT 从辉煌到衰落，一个台式属性整整占据了一个时代，台式属性曾经领导了这个世界，一个属性一个时代，然而，当平板属性的 LCD 且以数字化、高清、超薄、轻便的优势出现时，台式属性 CRT 最终已不适应数字化、高清、超薄而退出了历史的舞台。2004 年以来“平板属性”电视正在开创属于自己的时代——平板属性的时代，如今“平板属性”的电脑同样也正在改变着这个世界。

今天云计算来了，台式属性的 PC 机将被虚拟化，不久的将来伴随着智能云计算的成熟，台式属性的 PC 机将会走向末路。面对云计算如果你不是这个新兴事物的主动创造者，失去了对这个新兴事物本质属性的拥有、失去了核心属性，当你无法主动进化和与时俱进的时候，你将会发现，无论你曾经有多大的价值，有多好的资源，也都没有用了，因为你已经无足轻重了，忽略了属性，你将不再重要。

本书的第三章讲述了“桌体平面”属性的云端硬体构建的“云桌”，并讲述了“云桌”的定义和内容，其中重点阐述了“桌体平面”属性与智能云端硬体的“感知自动化”智能优势与产业趋势。一云多屏的“云桌”本质属性，以“桌体平面”属性衍生并推动了屏幕输入、表面通信两大领域的技术，并详细讲述了屏幕输入、表面通信与“桌体平面”属性的内在联系与未来云端硬体本质属性的产业趋势。

本书的第四章、第五章讲述了云端硬体的多样性属性和“桌体平面”新兴属性产业的趋势，读者可通过这两章了解到“云桌”在云计算环境下如何以“桌体平面”属性展现产业趋势以及云端硬体在现实工作场景中的“感知自动化”智能表现。

由于云计算及其用户端的云端硬体产业还是一个新兴事物，更多的细节面纱还没有揭开，我们是抱着先驱者的心态和行动者完成这本书的，本书所介绍的内容囿于作者本人的自身认知能力以及自身水平能力，书中会有许多不足甚至是错误的地方和错误的见解，这些错误在所难免，敬请读者、专家、学者斧正，读者可以通过 E－mail：cloudtable@126.com 与本书作者联系。

免责声明

读者在阅读本书之前，请首先仔细阅读本“免责声明”，不论读者以何种方式直接或间接读取、抄录或使用本书内容者，均视为对本声明全部内容的接受与认可。

1. 本书中所有内容仅限于作者的个人观点，与书中涉及的公司立场无关。

2. 书中引用公司名称及其叙述的内容仅限于作者个人的见解，对于他人间接或直接转载本书的内容而造成的损失，本书作者概不负责。

3. 本书的作者，对本书所述案例以及引用资料的版权权利和归属的错误与瑕疵情况不承担任何核实责任。

4. 任何单位或个人认为本书涉嫌侵犯其合法权益，应即时向本书作者提出书面意见并提出准确的相关证明材料与理由。本书作者在收到上述相关证明材料与理由陈述文件后，会采取相应的措施。

5. 本书中所引用的资料和所涉及的公司产品，不代表这些公司的真正说明与表达，纯属作者个人的见解，不代表其他任何公司的立场。

6. 本书中所引用资料的作者不因本书的引用行为而与本书作者以及本书中涉及的公司间产生任何关联或关系。

7. 本书在编写的过程中引用了一些网站上的内容，由于无法与网站内容作者取得联系，敬请相关作者与本人联系以获得相应稿酬。

8. 本免责声明及其修改权、最终解释权均属本书作者所有。

谨以此书献给

与我曾经奋斗在“云桌”研究工作的所有员工

曾经教导我的教授、博士生导师们

——无论你们身在何处，我都将永远感激你们！

正因为有你们一贯的支持，我们才有今天的成就！

目录 Contents

第1章　关于属性

1. 属性决定趋势
2. 属性与文化
3. 属性与定位
4. 属性与战略的关系
5. 属性与机制
6. 属性与发展的悖论
7. 是什么，让我们忽略了属性的重要性？

1.1 属性决定趋势

属性！一个似懂非懂并且很抽象的词，离人们很近、好像又很远、很深奥又很浅薄！在现实的生活中，人们会从不同角度和利用不同的方式去看问题，一直以来无序的竞争让人们忽略了对属性的关注，忽略了“属性”的重要性！

人类的每一次全球经济危机的背后都将催生一次技术变革或产业革命！这几乎成了规律，人类的每次技术变革的成功，都会伴随着某种新兴事物及其新兴属性的诞生，并且像达尔文的进化论描述的那样，你会不经意地感受它的到来。当前的云计算及其环境下的用户端“云端硬体”产业正是面临着如此场景。如果等到创新成功、趋势进化，它的力量爆发以致形成全球化的时候才去关

> **小提示**
>
> 趋势大多是某种事物“属性”的持续进化与延伸，当某种事物的“属性”得到进化与延伸，以至于扩散并得到更多的认可而形成潮流时，趋势也就产生了。
>
> 人类每次技术变革的成功，都会伴随着某种新兴事物的诞生，同时也会有“新兴属性”的诞生，就像达尔文的进化论描述的那样“你会不经意地感受它的到来”。

注它、把握它，那么你就落后了。每一次“新兴属性”事物的出现都是人类社会的一次进步。

属性与趋势从来都是不可分的，任何趋势都不会突然到来，趋势大多是某种事物“属性”的持续进化与延伸，当某种事物的“属性”得到进化与延伸，以至于扩散并得到更多的认可而形成潮流时，趋势也就产生了。每个人都喜欢趋势，因为掌握了趋势也就掌握了未来。但对趋势的展望绝不是单纯的猜想与预测，不能只顾细节，而忽略具有“全局性”的“属性”，任何事物的“属性”都有它的归属框架和划分领域，不同层次的属性也都有它的“全局性”，然而任何趋势也都有它的方向，明确了属性也就明确了方向，掌握了属性也就掌握了方向，如果你明确和掌握了属性并融入其中，你将受益于未来趋势。

1.1.1　什么是属性

任何事物都有它的独特属性，因此可以从纯主观的角度界定事物属性的含义。属性是指人利用主观意识对不同层次事物的本质相对不同层次的归属、划分与定位，在人的主观意识里，事物都有它的本质属性，属性的本身具有多样性，属性又具有不同层次的统一性。就客观性来说，本质是事物自身的独有的规定性（或称为特有属性的集合）。特有属性是指某类事物普遍地必然地具有，而别的事物都不具有的属性。

世界上的万事万物都有许多的性质，如形状、颜色、气味、智能等。一个事物除了有许多性质外，还与其他事物间存在各种关系，如，左右、上下、小于、大于等，在形式逻辑中把事物的性质和关系，统称为事物的属性。任何事物都有许多层次的属性，在事物的诸多属性中，有些属性是某个或某类事物所特有的，决定该事物的本质，使某一事物之所以成为它自己，并把这种事物与其他事物区别开来。这种事物的基本属性就是事物的本质属性，它是事物本质的规定性。可见属性是事物本质的“核心内容”。

当然，也有人类主观意识无法归属、划分和定位的未知事物的属性，从属性层次上可以把这类属性归类于自然属性。自然属性是人类主观意识的最高层次的属性。自然属性也是人类主观意识的“全局性”属性，自然属性是所有事物属性的统一。本书所探讨的是人的主观意义上的属性如何影响事物发展趋势，并从事物本质属性的“全局性”角度揭示产业趋势。

一个国家、一个社会、一个企业、一个行业、一个产品乃至于一个人都有它的属性，或社会主义国家、或资本主义国家、或宗教国家、或工业社会、或经济社会、或和谐社会、或贸易企业、或制造企业、或IT行业、或电子行业、或平板电脑、或台式电脑、或亚洲人、或黄皮肤人、或男人、或女人——总之都有它们的属性，如果你没有掌握或忽略了这些属性，你将会迷失方向。简单地说，如果你不知道自己是男人或是女人，就会做出不男不女的可笑的事情。如果你不知道自己企业以及所从事的行业属性是什么，你将会迷失战略。你应该知道战略的重要性，更应该知道属性的重要性。你不能忽略战略，更不能忽略“属性”！

无论是台式属性的计算机产业，还是台式属性的 CRT 产业，都给人们留下了深刻的印象，曾经多少著名的企业都在台式属性的产业化时代角逐过、竞争过，并使它们脱颖而出，“台式属性”曾经引领了这个世界。2004 年，平板属性产业崛起，时至今日正在改变当今的世界，最为突出的是平板电视与平板电脑。当今的大多数人共同经历了台式属性与平板属性两个属性时代的交替与兴衰，在台式属性与平板属性的交替中，那些曾经强势的企业，无论它们曾经怎样努力，它们强势消失的背后都失去了“属性”。它们的认识、方向一度偏离了主流的“属性”趋势，一切都已经付之东流，因为忽略或远离了“属性”趋势，他和他们的产业已经不再重要。

回顾远去了的趋势历史，每一个趋势的历史都是延续不断的长流，趋势的历史中那些不能与时俱进，不能跟随时代潮流的最终都没能走进未来，因为他们忽略或离开了可持续进化的“属性”，没能传承过去，最终没有能够实现继往开来。

事物属性的变化，往往是革命性的变化，趋势来源于事物属性，属性变了，趋势也就变了。事物属性变革往往都是各种因素综合的结果，很少是由于单一因素所引起的，因此，在做出趋势判断之前，最好先考虑一下是否有多种因素正推动事物向其他方向发展。

当前的云计算这个新兴事物就是多种因素在推动着互联网向“云”的方向发展，云计算本质就是分布式计算（distributed computing）的概念。原有台式属性的PC机将被虚拟化，网络将成为计算机，计算机的使用方式随之出现了革命性的变化，云计算即将开始。在云计算的环境下，不同属性的用户端的云端硬体都将出现，客户只需要面对云端，云端是客户必须面对的云关。客户的云端硬体将会以什么样的属性出现呢？

1.1.2 云计算带来的趋势

云计算的到来，使网络成为了计算机，计算机被虚拟化了。对于使用者只需要一个端也就是使用者云端，云端是使用者必须面对的云关，然而这个用户使用端的“云端硬体”绝不是一个简单的上网设备，智能才是这个云端硬体的主要表现，各种传感器的集成与融合使用是云端硬体的基本特征。从使用的实用性来讲，云端硬体也要满足便携、移动和固定三种方式，美国普适计算（Ubiquitous Computing）的马克·维瑟（Mark Weiser）为这种未来智能端设备定义了三种形式，并以尺寸划分为以cm为单位的便携式（穿戴）的形式、以dm为单位的移动手持式的形式、以 m 为单位的大型固定式的形式。苹果公司就是一直沿着这个趋势完成了 iPod、iPhone、iPad，虽然还未见到苹果公司公开的以 m 为单位的这种智能端产品，但是微软已经有了 Surface，索尼已经有了 atracTable，云桌企业已经有了 cloudtable，如表 1-1 所示。

表 1-1　三种不同属性形式的智能端产品

厂　家	以 cm 为单位的（穿戴）便携式（微型平板属性）	以 dm 为单位的移动手持式（平板属性）	以 m 为单位的大型固定式（桌体平面属性）
苹果	iPod	iPhone、iPad	
微软			Surface
索尼			atracTable
云桌			cloudtable

以 cm 和 dm 为单位的便携形式和以 dm 为单位的移动手持形式的端产品借助了主流平板属性，目前正在影响和改变着世界，正如苹果公司 iPhone、iPad 具有平板属性且能够上网的端产品。从目前正在影响和改变着世界的端硬体产品的本质属性角度看，“平板属性” 正是目前以及未来的趋势。

云计算给人们带来便利的同时，办公环境也会随之变化，出现了用以代替传统办公桌面，在云计算环境下的外体以 m 为单位的具有桌体平面属性的云端硬体，这个新兴的桌体平面属性的云端硬体并非是简单化，而是需要智能化，这个智能是以传感器的集成与融合为主题完成的，它需要一个“属性”

作为支撑，伴随着云计算的进化与发展，人们的固定形式的工作平台将会以m为单位的云端硬体作为中心，办公环境需要面对已经发生的未来。除了平板属性，云端正在推动以m为单位的大型固定形式的桌体平面属性产业的进化趋势，今天桌体平面属性已经来临，桌体平面——已经发生的未来属性。

云计算来临了，当你无法主动变化与时俱进的时候，你将会发现，无论你曾经有多大的价值，有多好的资源，也都没有用了，因为你已经无足轻重了——忽略或失去了属性，你将会不再重要，失去了属性，你将失去趋势。

企业总是要顺势发展，要适应当前的变化，与时俱进，IBM每两年一次投入大量的资源和智慧，一直坚持不懈地在做这件事情，其目的就是要把握这个“趋势”，是着眼于“大趋势”还是“小趋势”？是看事物的本质属性还是看表面现象？尽管看法决定想法，想法决定行动。但是无论怎样，你都不能脱离事物的本质属性，从事物的本质属性的“全局性”角度去看问题，这是一种“全局性”的思维，你的文化价值观如果是“全局性”的，相信你会看到云计算环境下更重要的东西并选择它。因为这对于企业的兴衰成败至关重要！

1.2 属性与文化

1.2.1 文化、属性及其联系

当今，文化价值观正在影响着人们的思想，并且使人们的思维方式也在发生变化。事物都有它的本质属性，文化也是如此，文化的本身都具有属性，不同的文化具有不同的属性。“文化”又是一个让人很难读懂的词，与属性一词一样离人们很近又很远，文化一词在不同的背景和众多的学科中有着多重的含义，它代表着什么呢？属性与文化又有什么样的联系呢？诠释这个问题确实有些难度，但是根据大多数人的认识，它常常用来指一个社会的知识、音乐、艺术和文学成品，即代表社会的高文化，人

> **小提示**
>
> 文化是指一个社会中的价值、态度、信念、取向以及人们普遍持有的见解。
>
> “适应与不适应”是更高于“喜欢与厌恶”层次的见解，适者生存才是强势文化属性的真理。“适应与不适应”也是更高于喜欢与厌恶层次的价值所在。

类学家克利福德·格尔茨，强调文化具有“深厚意蕴”，用它来指一个社会的全部的生活方式，其中包括价值观、社会习俗、一些象征、社会体制以及人际关系等。这还不是文化的全部属性，在现实的生活中，不同文化之间的属性是不同的，人们会经常遇见不同属性的文化，比如企业文化、历史文化、科学文化、宗教文化、政治文化、经济文化、哲学文化等，这些多样性文化都有它的属性并构成了多类文化。

如果说这些属性的多类文化是人类思想智慧的结晶、进步的阶梯、文明的象征，那么这些不同属性的文化就反映了现代思想文化的深度和成果。任何文化都具有它的属性，属性不同，文化也就不同。文化和属性也有相同点，那就是文化和属性的本身都不是一个变量，它们的相异点又怎样呢？属性来源于事物本质或宗旨，对于文化因素一般起源于故事、小事情、或临时性的小事情。不同属性的文化都有一定的适应性，但是永远不可能尽善尽美。文化在某种机制环境影响下会沉积下来，文化是指一种社会中的价值、态度、信念、取向以及人们普遍持有的见解。人们常说企业文化，到底什么才是企业文化呢？企业文化一般是由企业管理机制作为导向而形成的。通常认为，企业文化是指企业中的人对价值、态度、信念、取向所持有的见解。只有价值观、态度、信念、取向相同的两个人才能走到一起。价值是由文化来决定的，最初给予什么价值，往往社会、企业就接受什么价值，不同属性文化的价值观往往不同（价值观是人对事物的重要性的选择，价值观与属性是两种完全不同的观察问题的角度）。两种不同属性的文化之间，更多的是见解不同，导致价值观、态度、信念、取向不同，甚至是对立的，不相融合的。当见解不同时，有时不同属性的文化之间还是一种不二法门关系，是此门与彼门的关系，此门与彼门不相等，也就是两种价值观不同、态度不同、信念不同、取向不同，格格不入，入此门则不能入彼门，入彼门则不能入此门。最具代表性的就是宗教属性文化之间的关系。不同属性构成的文化之间也是一种自然规律关系，是适者生存的关系。不同属性的文化冲突是文明发展演进的动力，文化共存是融合各种文化不同的特质，扬弃不合时宜形成多样性的新的文化体系。不同属性的文化共存中必然有文化的冲突，不同属性文化的冲突中包含着多元性文化的共存与融合。

见解的本身也是一种事物，见解的本质属性是对事物的认识层次，见解是人的主观意识，也是人的主观行为，是喜欢与厌恶、好与坏、对与错、适合与不适合、强与弱等不同层次的价值观评价与认识。影响见解的是机制环境（机制具有导向与激励作用，关于此点在属性与机制一节中进行了描述），机制环境的作用会使更多人的见解趋于相同，以至于形成志同道合的群体。见解的本质属性具有喜欢与厌恶、好与坏、对与错、适合与不适合、强与弱等不同的层次的表现。

当前，在择业方面就有这样一些见解，有人主张“选择你自己喜欢的事去做”，下面来分析一下这种层次见解的本质属性会给你带来什么？

例 1　许多人只是因为喜欢而选择了篮球职业，如此洪流还形成了篮球文化，但是最终能够获得成就的却很少，原因是更多的人不适合篮球职业，作为爱好还可以，如果作为职业他们当中许多人荒废了最好的青春，无果而告终，这就是当初因为喜欢而付出的代价。

例 2　很多人尤其是青春期的女孩喜欢唱歌跳舞，依据这种见解他们放弃了所有，最终投入了唱歌跳舞的行列。却不知这个行业很难取得成就，因为唱歌跳舞是每一个人的天赋，即便是五音不全的人都有可能是她的对手，作为文化爱好还可以，但是作为职业，能够取得成就的少之又少。

从以上的例子中，可以看到他们的见解层次只是喜欢与厌恶，并以此作为选择定位的条件，最终许多人为此付出了沉重的代价。只因喜欢而做事，最终更多的是以不适应而失败。可见“适应与不适应”才是更高于“喜欢与厌恶”的见解层次，适者生存才是强势文化属性的真理。“适应与不适应”也是更高于“喜欢与厌恶”层次的价值所在。喜欢与厌恶并非是最高层次的见解，这就是拥有强势文化属性的人或企业的价值，这就是强势文化属性的人得以生存并实现价值的法则，这就是真理和真理相，然而知道这种规律的人很少，能够运用这种规律的人就更少了。

当一个人试图依靠亲朋、父母等他人的强势文化建立自己的强势文化时，这个强势文化不属于他，他只是在借势。所以他常常处于被动，很难获得主动，无法造势，只能借势，这个势不可控。更多的人都喜欢借势，这个势稍纵即逝，因为不可控，所以要想建立属于自己的强势文化必须靠自身建立，只有依靠自己建立起来的强势文化，才能建立属于自己的强势，这个势可控，有了可控的势，往往会势在必得。

对于一个企业，强势文化也必须依靠自身建立，建立属于自己的、可控的独特优势，然后将这些可控的优势形成定位主张，以此建立模式（路线路径）并进行造势。比如：建立一个新兴行业，建立更高层次行业标准，建立强大完善的知识产权体系，这些都是强势的表现。强势的文化属性的形成，往往需要一个较长的时间，一个强势文化的建立仅依靠一个战略方式是无法实现的，最终要通过一个定位主张并形成一个模式，这个模式一般需要利用多个战略方式来完成，这个模式为这个强势文化的形成提供路线与路径。文化属性的人称为道，道不同不相为谋，也可以这样认为，有了道也就有了路线与路径。然而造势者，所制造出来的强势文化的强度也只是相对而言，这个强势文化在历史几千年沉积下来的民族文化属性面前，就显得很脆弱，如果这两个文化相遇，人为所造出的新兴属性文化在历史几百年、几千年沉积下来的民族属性文化面前往往是个牺牲品。

1.2.2　云计算的价值

那么怎样看待云计算的价值呢？或者说云计算将会给人们带来怎样的价值呢？云计算环境下，从内在讲，对于终端客户来说云端使用环境与云端使用场景决定着云端的外体属性。客户端与云端本质上缺一不可，甚至可以说云端需要客户端这个基础。正如美国 *Behind the Cloud* 的作者 Marc Benioff 所说的那样："我们已经今非昔比，世界也是如此……现在云计算行业的兴起改变了这一切。我们一直认为一切都将进入云端。"

如表 1－2 所示，Gartner 公司连续两年评出 10 项具有战略意义的技术中，出现了具有不同属性的云端及云端硬体。在表 1－2 中 2011 年移动应用和媒体平板排在第 2 名，由此可见，业界已经认识到平板属性的端产品的价值。

表 1－2　Gartner 公司连续评出的 10 项具有战略意义的技术 2009—2011

排名	2011 年	2010 年	2009 年
1	云计算	云计算	虚拟化
2	移动应用和媒体平板	高级分析	云计算
3	社交交流和协作	客户端计算	计算架构
4	视频	绿色 IT	面向互联网架构
5	下一代分析技术	新式数据中心	企业级聚合

续表

排名	2011 年	2010 年	2009 年
6	社交分析	社交计算	转化系统
7	背景感知计算	安全，行为监控	社交计算
8	存储级内存	闪存	统一通信
9	普适计算	虚拟化	商业智能
10	基于结构的基础设施和电脑	移动应用	绿色 IT

云计算的到来，使网络成了计算机，计算机被虚拟化，对于使用者只需要一个端也就是云端，各种不同属性的云端硬体都将出现，然而这些云端硬体绝不是简单的上网设备，智能才是云端硬体的主要表现，各种传感器的集成与融合使用是云端硬体的基本特征，从使用的实用性来讲，云端硬体也要满足便携、移动和固定三种方式，即以尺寸划分为以 cm 为单位的便携式（穿戴）的形式，以 dm 为单位的移动手持式的形式，以 m 为单位的大型固定式的形式，其产品有 iPod、iPhone、iPad、Surface、atracTable、cloudtable 等。

当然，这是我们从云计算这个新兴事物属性的“全局性”角度分析所得出的，也是我们对云计算的价值、态度、信念、取向持有的见解，如果你的见解与我们相同，相信面对云计算我们都有一个共识，在云计算文化框架下成为新兴一族。

从外部讲，云计算会给许多个人、组织、社团、企业以至于国家带来一次空前的机会价值、运行价值、应用价值、开发价值，尤其是项目价值与商业转换价值，这些云计算带来的外部价值甚至超越了云计算的本身，如果你的见解是选择这些价值，云计算的文化属性也就产生了。影响这个见解的是当前的机制环境，如果你与这些价值同步，站在“全局性”属性的角度，也将会看到什么重要，什么使你变得重要。

1.3 属性与定位

当你的服务或产品具有普遍需求且处于供不应求时，那么你根本不用考虑营销定位，甚至你也不用知道什么是定位，但是如果你的服务或产品处于市场需求和供给趋于平衡的时候，那么你不得不考虑定位作用了。关于为什么定位，不是本书的视角观点，本书的主张是从事物本质属性的“全局性”角度看问题。各种事物都有它的属性，当我们对事物进行定位时，也是在对事物不同层次的属性定位。对于企业而言，没有事物属性定位就没有战略起点。对事物属性定位后也就找到了战略起点，定位也需要条件，当找到事物与众不同的差异化属性时，也为定位找到了条件，并将这种属性作为核心属性。属性虽然具有不同层次的多样性，但是定位只能选择其一，也就是定位要专一。核心属性作为一个与众不同的主张，使企业与竞争对手区分开来，并将其独特的唯一性

> **小提示**
>
> 与其说产业竞争是技术竞争，还不如说是“属性”竞争，企业很出色一定是因为比同业竞争对手的事物属性定位做得好。

用于企业的定位条件，可以说属性定位是一种更高层次的心智活动，定位是为了明确对事物层次属性的唯一性表达。有了定位会使你与众不同，让人能够看到你的主张，与你价值观取向相同的人就会选择你、接受你、相信你、喜欢你，你的凝聚力效应开始产生，这是对事物属性定位之后的效果。可见定位是企业、品牌、产品生存价值所在，没有定位或定位不清，任何商业模式都无法将产品与客户连接在一起，我们也可以这样认为，一切的核心都来源于对事物不同层次属性的定位，当进行营销定位活动时，尽力统一事物不同层次的属性，比如，将企业、品牌、产品三个属性统一，形成三位一体，因为两点成线三点成面，三点最具稳固形态，最具有稳定性，如此定位很难被竞争对手打破，例如："可口可乐公司生产的可口可乐品牌的可口可乐"，人们都说喝可口可乐，没人说喝碳酸饮料，如此定位可口可乐淹没了碳酸饮料，在营销当中碳酸饮料相对于可口可乐一点儿都不重要。我们可以这样看问题，可口可乐是碳酸饮料，但碳酸饮料是可口可乐吗？碳酸饮料不一定是可口可乐。可口可乐没有用如此层次的营销定位，而是采用了更高层次的三个属性统一定位方式，这是一个经典案例，将企业、品牌、产品三个不同层次的属性进行了统一，实践证明可口可乐公司获得了成功。如此定位的企业有多少？现在的王老吉胜出了，一句广告宣传语："怕上火，喝王老吉！"将本属于品牌的王老吉变成了产品，"喝王老吉"无意中把产品属性与品牌属性进行了统一，有人说王老吉的成功，归功于独特的功能属性定位。这一点我们绝不否认，无论当初的策划是巧合还是定位的正确所导致的结果，从事物的本质属性的角度去分析就会得出如此惊人的结论：王老吉最终实现了企业、品牌、产品三个属性的统一，与可口可乐如出一辙。可口可乐与王老吉都形成了以属性为核心，处处表现一致的核心属性的定位。这才是本书所关注的，因为这是本书看问题的角度。这也是本书与众不同的观点，也许这些对于读者能够起到很重要的作用！可口可乐与王老吉的企业、品牌、产品三个属性统一的定位方式，也可以说这是“全局性”的统一，会使人（客户）的思维比较集中，比较容易进入人的心智，减少客户多样性的选择思维，客户会别无选择地直接认定，可见企业、品牌、产品三个不同层次属性统一的定位方式是最具稳固形态、最具有稳定性并获得成功的最好证明。属性只是事物的本质，定位是一种主张行为，是对事物某种层次属性的外在表达。定位要从服务对象的角度出发，得到服务对象的认可，服务对象才会从内心接受你、选择你。当今一提起 IT 产业，我们的第一感觉就是拼技术，与其说产业竞争是技术竞争，从 IT 的本质属性的“全局性”角度去分析，还不如说是“属性”竞争，因为谁是这个事物的创造者，谁将拥有该事物更多的“属性”。企业很出色一定是因为比同业竞争对手对事物属性的定位做得好。

云计算环境下，“一切都将进入云端”。这是 *Behind*

the Cloud 中描绘的未来场景："我们已经今非昔比，世界也是如此。我们曾经不得不把我们'无软件'模式推销到市场去，而现在云计算行业的兴起改变了这一切。我们一直认为一切都将进入云端。"这是云计算环境的"云端"、"全局性"定位描述。虽然今天云计算的专家学者以及行业有关人士都在尽力给云计算环境的场景做出一些描述。但我们应该看到关于云计算的未来环境场景定位大多来源于云计算的本质属性。云计算的本质是一种智慧类型的互联网，云计算是智慧信息技术的重要组成部分，云计算代表着信息技术当前发展的新阶段，智能化是它的外在表现。原有的 PC 机将会被虚拟化，云计算环境下计算机的使用方式将会发生变化。重要的是，云计算带给社会的是信息资源获得的便利性以及利用率的提高。云计算这个智慧互联网的云端将为人们提供各种形式的智能化应用。虽然这些还不是云计算本质属性的全部，云计算还在进化当中，但是让我们初步认识了云计算。其实，云计算是什么？对于终端客户一点儿也不重要，更重要的是，云计算伴随着这些本质属性已经成为世界趋势，网络、计算机、云端三个不同层次的虚拟属性将会得到统一，形成三位一体，伴随着云计算的融合将会推动着不同属性云端硬体的出现。

1.4 属性与战略的关系

1.4.1 属性、战略、宗旨及其关系

一直以来，无序的竞争中夹杂着各种管理路径，这使企业管理人员忽略了“属性”的重要性，尽管各种管理路径都有它存在的理由，但是过于细节化或过度重视细节化使“全局性”走向了分散。当然这是现代科学管理的进化，这些“细节”的本身并非是最高层次的管理。令人欣慰的是，“全局性”的战略管理使人们还能够站在全局角度去看问题。那么，战略是最高层次的“全局性”吗？显然不是，因为战略只是最高行动的纲领，战略的目的是为了“宗旨”服务，战略只是方式，然而宗旨的背后就是企业属

> **小提示**
>
> 战略只是最高行动纲领，战略的目的是为了企业宗旨服务，战略只是方式，虽然战略制定于最高层（最高组织）。宗旨是企业属性“全局性”的诠释，宗旨的背后就是企业属性。属性是轴心，“属性”是高于“战略”的层次。

性也就是内容。“属性”是高于“战略”的层次。战略的本身并非是最高层次，只是战略制定于最高层（最高组织），宗旨是企业属性“全局性”的诠释，宗旨的背后就是属性，企业属性才是轴心。

企业的战略是根据企业的宗旨也就是属性来制定的。企业属性是企业最高层次的定位，是企业的核心内容与方向，是企业的最大价值取向，调整战略就是在调整方式，变化的是方式而不是内容。尽管企业宗旨分为不同阶段去实施，但是宗旨的本身定位和内容不会发生变化，也就是核心属性不会变化，只是不同阶段的宗旨所实施的战略发生了变化。

事物的本身也是如此，比如，云计算的发生并没有使互联网的本质属性发生变化，互联网还是互联网，变化的只是计算机以及网络的使用方式，这个使用方式才是云计算的本质属性的核心。有人说云计算是21世纪的一次计算机革命，其实，计算机还是计算机，计算机的本质属性并没有变，变化的只是计算机的使用方式，云计算将计算机虚拟化了，使网络成了计算机，网络与计算机的本质属性并没有变，变化的只是计算机与网络的使用方式。

举一个例子：中国其宗旨是中国特色的社会主义属性，这个属性发展至今经过了不同阶段，每个阶段都采用了不同的战略实施方式，比如从最初的革命斗争战略、解放战争战略、计划经济战略、市场经济战略。这些都是不同方式的战略，经历了多次战略转型，只是战略发生了变化，但是社会主义的本质属性没有变，也就是内容没有变。当一些西方政治人士看不懂时，中国改革开放设计师邓小平就给出了“中国特色的社会主义”定位，“中国特色”就是现阶段的战略方式和与时俱进的表现。从中可以看出变化的是战略，这个变化一直围绕着社会主义核心属性这个轴心。

当然还可以找出许多战略与属性的关系，这里要强调的是属性的重要性！不要忽略属性，属性是战略的轴心。属性才是最高层次的“全局性”。如果忽略了属性，你将会迷失战略。

要想了解一个企业的全部属性，只要通过企业的宗旨就可以深层次地了解企业的属性。宗旨是企业属性“全局性”的诠释。通过宗旨可以看到企业的全部属性。下面是云桌企业的宗旨，通过这个企业宗旨就可以了解云桌企业的全部属性。

云桌（cloudtable）企业的宗旨

云桌企业的目标是：面向云计算的智能“桌体平面”属性的云端硬体产业，将“云桌”企业，打造成全球云桌这个新兴产品的主导制造商，全力打造“办公信息家具”新兴行业，努力成为该行业的标准制定者、领袖品牌商。

我们立志于在云桌（智能桌体平面属性云端显示器）创新、开发与销售，恪守信誉，提高声望与影响力。我们要为市场提供稳定且价格合理的云桌产品，通过产业化以及知识产权战略快速进入云桌整体行业“办公信息家具”目标市场。我们制造销售对路的产品，来满足新兴崛起的云桌（智能桌体平面属性云端硬体）市场需求，并成为云桌领域的领导者以及绝对影响力的领袖品牌。为达到此目标，我们采取知识产权战略和缩短项目及新产品的开发周期，密切注视并即时跟踪云桌整体市场动态趋势和市场需求，开发具有创造性、价值性及能够获利的目标客户需求产品，并在产品功能、使用、属性等这些具有颠覆性理念的高效创新方式来实现我们的目标。最终通过我们的努力立志于改变世界，创造一个全新的“桌体平面”数字化时代！

企业必须驾驭科技，我们用科技取悦需求。为贯彻我们的目标和既定方针，我们决心以第一品牌的“全局性”态度对待资金监护人和股东、顾客及云桌行业团体，通过我们的努力与实际目标的实现，以此希望这些单位与组织都会相信我们的公司，因为我们对我们的事业充满激情并正在为此付出毕生的精力与勇气。

通过上述企业宗旨的诠释描述，可以看到并了解云桌企业的全部属性。通过企业宗旨的诠释，云桌企业的本质属性清晰地表现了出来。

1.4.2 云端战略

目前，云计算有三种服务模式，包括基础设施即服务

(IAAS)，平台即服务（PAAS）和软件即服务（SAAS）。无论采用哪种模式，在云计算战略推广过程中，IT 业界几乎把注意力都集中在“云”平台的搭建和推广上了，更多 IT 巨头在云计算领域抢占市场。然而他们忽略了用户使用端的云端硬体，甚至忽略了云端硬体。在“云战略”中，我们都将迈入“云端”。如何把“云”和“端”以及端的硬体结合起来，提供更好的服务，这才是重要的。无论怎样做，最终只有通过云端才能把云计算的服务提供给用户，云端为用户提供最好的体验，云端是用户必须面对的云关。这一点对于终端用户才是最重要的。

有人说，云计算的时代不再需要智能的端。这种观点是大错特错的，相反，对端的要求会越来越高。只有通过端或者说高度智能的端才能更好地把云计算的服务提供给用户，而且端的处理能力将直接影响用户体验，未来的端一定要做到软件与硬件的高度兼容与融合，尤其是智能传感集群功能，其使用场景将会远远超越当今 iPad 的影响力。当然哪种端硬体属性更适用于使用场景方式（携带、移动、固定），哪种端硬体属性将会得到更大的发展，比如平板属性就是正在改变世界的移动方式的端硬体属性，这是一个不争的事实。

“云端”究竟是什么？“云端”是云计算时代信息化的新场景，运用云计算技术，实现企业的全面信息化，实现办公感知自动化，实现家具以及家电的信息化（信息家具与信息家电），实现三网融合。今天我们之所以迈向“云端”，是为了突破现有信息化中存在的局限，支持从产品经营到服务经营的转变，支持面向消费者实施大规模个性化服务，支持企业商业模式的创新，把握未来竞争的主动。伴随着云计算技术的成熟，信息化在企业运营中的角色和定位也会发生根本的变化，从适应业务、支撑业务转向全面牵引业务，从而迈向全面信息化的“云端”。“云端”是高效、创新、绿色的信息化，是适应未来发展的信息化。

1.5 属性与机制

了解事物的属性，就会了解事物本质，在人的主观意识里，机制也有它的属性，人们把它视为自然世界和社会的客观规律。机制是此属性事物与彼属性事物优胜劣汰的自然竞争平台，在自然环境主导下，此属性事物与彼属性事物是适者生存的关系。物竞天择，适者生存，这里的“物”就是指属性事物，“竞”是相互制约、相互促进、相互竞争，“天”是自然规律，“择”就是同等自然条件下属性事物的优胜劣汰，最终适者生存，其属性伴随着事物本身的淘汰而出局，这是自然机制，也是最大机制。

> **小提示**
>
> 物竞天择，适者生存，这是自然机制，也是最大机制。
>
> 在人的主观意识里，机制也有它的属性，人们把它视为自然世界和社会的客观规律。机制是此属性事物与彼属性事物优胜劣汰的自然竞争平台。

在机制环境的作用下，适者生存，不同属性的事物都会经历消退与灭亡，在自然机制的作用下，生物界的恐龙由强到弱，直到巨大生物属性不适应自然环境的进化而最终灭亡。

技术产业也是如此，领导世界电视与计算机显示器的台式属性CRT产业，曾经辉煌了20几年，如今台式属性CRT产业不再适应高清、宽屏、轻薄、数字环境的进化，让能够实现高清、宽屏、轻薄、数字环境变化的平板属性LCD产业占据了趋势主流，科技环境进步使没有适应能力的台式属性的CRT产业走向消退，曾经辉煌的台式属性的CRT产业由强到弱，这是所有自然属性事物在自然法则下的外在表现，台式属性的CRT及其产业也不例外，这是自然规律。

1.5.1 人为因素主导与自然因素主导的机制差别

从今天看过去的计划经济，你可以利用过去工业化时代留下的陈旧思维方式从表面现象向深层次看这个问题。当然你会有你的见解。你也可以利用现代信息化时代的思维方式由深层次到表面现象看这个问题。当你从本质属性角度去看此问题，就会产生新的认识，计划经济战略方式是人为因素主导的机制，对于刚刚从一个社会机制拯

> **小提示**
>
> 机制是用于帮助选择战略方式、指导战术选择方法的核心竞争力的主要内容。
>
> 机制的最大作用是引导和激励竞争，机制的实施必须审时度势、实事求是并考虑全局性，机制是企业、组织生存和获得价值最大化的原动力。

救出来送入另一个社会机制的社会，即旧的封建社会机制与社会主义新社会的宗旨属性是完全不同的，那一刻不能直接进入残酷的自然机制，否则将会出现更残酷的另一面，这个残酷的结果将会影响社会宗旨的“全局性”，在物资极为匮乏的那个时代，没有什么比计划经济战略方式更实际、更现实，“实事求是”对于那一刻很重要。这是宗旨所决定的，这是具有人性化社会属性机制与自然因素主导机制的最大不同。我们必须尊重历史的那一刻。当然各种理论都有时空概念，理论诞生时的时空，在那个时空里理论是可行的；时空远去理论过时，所有的对与错的背后都是有条件的。因为对与错并非是最高层次的见解，所以不能忽略历史时空的那一刻。

机制的最大作用是引导和激励竞争，机制是企业或组织内在的原动力，组织或企业中科学合理的运行机制是决定产品或服务成功的基础，机制是核心竞争力的主要内容。企业对于机制的控制一是有序程度，二是维持机制的有序能力。机制的设计需要有效，使企业或组织向创造和贡献方面追求，建立有意义的共同价值观取向的美好愿景，以至于形成文化。组织或企业的机制设计时要审时度势、实事求是，更要考虑“全局性”并利用适者生存的自然规律，形成有效的机制便于运营。属性是更高于战略层次的定位。机制是用于帮助选择战略方式、指导战术选择方法的核心竞争力的主要内容，机制最终为宗旨服务。

好的机制可以推动企业或组织及时适应环境、与时俱进并始终保持竞争的强势态势。好的机制会使属性事物变强得以进化。机制相对于属性是主动层面的东西，属性是被动层面东西。机制可以延伸或存在于企业或组织各个层次，表现为引导和激励，机制主动服务于属性，机制的实施必须审时度势、实事求是并考虑“全局性”，机制为企业、组织的生存和获得价值最大化提供原动力。

1.5.2 云端进化

微软公司全球副总裁兼微软中国研发集团总裁张亚勤曾经指出，纯“云计算”并不是启动计算未来的万能钥匙，“云+端”（Cloud + Client）共存、“云+端”互动才是未来计算的发展趋势。最终，网络的世界（Web）和设备的世界（Devices）将走向融合。

对 IT 产业而言，颠覆性技术突破往往要隔好几年才会出现一次，但渐进式的产品创新则每时每刻都在发生。2008 年微软公司经过多年的积累和持续的探索，正式发布了完整的云计算平台 Windows Azure（蓝天），并投入巨资在全球范围建造数据中心。这些现象表明，云计算经过多年的积淀和持续的探索，终于开始成为一种全球 IT 产业共同应和的、主流的声音。

聚焦 2009，张亚勤曾表示，首先云计算渐趋主流化。2009 年可以称为“云计算元年”，经过多年的积淀和持续的探索，云计算开始成为一种全球 IT 产业共同应和的、主流的声音，把所有的计算应用和信息资源都用互联网连接起来，供个人和企业用户随时访问、分享、管理和使用，相关的应用和资源可以通过全球任何一个服务器和数据中心来获取。

在这样一种应用愿景的机制导向激励下，包括 Amazon、IBM、HP、Google 在内的 IT 业领导企业均开发了不同版本的云计算解决方案，而微软也正式发布了完整的云计算平台 Windows Azure（蓝天），微软希望“云平台”最终同 PC 平台一样，能够让成千上万的第三方开发人员通过云端协作开发出丰富的应用与新颖的服务而这样的平台势必会造就一个全新的“云产业”。

当今绿色 IT 科技已成为众多企业共同关注的焦点。IT 软硬件开发商和服务提供商都在探索更环保的解决方案，这不止是让用户能够以能效比最高的方式获取各种计算和通信体验，还包括在企业自身管理和运营的过程中贯彻环保意识。以微软部署的“蓝天”云计算平台为例，“蓝天”的底层是微软全球基础服务系统（Global Foundation Services，GFS），由遍布全球的第四代数据中心构成。几年前微软便开始筹建数据中心，因此目前正在运行的数据中心已“升级”到能效比表现更优异的第四代，旨在支持所在区域的环境保护事业，为绿色 IT

做贡献，所有的微软数据中心都采用了清洁能源，并兼顾了系统的性能、工作效率和可靠性。可见云端属性的形成在应用愿景的机制导向激励下才得以今天的进化。

1.6 属性与发展的悖论

属性与文化是不同的两个因素，在人的主观意识里任何文化都有它的属性，如企业文化、历史文化、科学文化、宗教文化、政治文化、经济文化、哲学文化、历史文化等，这些多样性文化都有它的属性并构成了多类文化。不同属性文化的价值观往往不同，价值观是人对事物的重要性的选择价值观与属性是两种完全不同的观察问题的角度。价值是由文化来决定的，最初给予什么价值，往往社会就接受什么价值，两种不同属性的文化之间，更多的是见解不同，从而导致价值观不同，在“属性与文化”这节中，提到了文化价值观的产生，本节要引用这个价值观。

属性与发展的本身也是两个不同的因素，但是这两个因素都与文化有关系，文化与属性虽然也是不同的两个因素，但文化与属性是一体两面的关系。得出这个结论，我非常感谢国际精算大师郭生祥教授的“关于如何把美元格里芬悖论数学模型化”的教诲。建立悖论数学模型，要对两个不相关的因素进行统计，建立对第三个因素影响的等式和不等式关系，从而找出稳定的影响模型。此模型为我分析属性与发展的关系提供了思路，文化必须依附于属性，这是一体两面的关系，去掉任何一面都无法说明属性与文化的本质，当研究属性与发展的关系的那一刻时，属性与文化是一体两面的关系，通过这种悖论关系，就可以看到属性与发展的关系。那么各种属性的文化到底有多重要？与发展又有什么关系呢？这里所说的发展是指经济发展与政治发展。关于这一点，世界著名的国际政治理论家、思想家塞缪尔·亨廷顿和劳伦斯写的 *Culture Matters How Values Shape Human Progress*（《文化的重要作用，价值观如何影响人类进步》）一书中，关于文化与经济发展、文化与政治发展给出了重要描述，书中从不同属性的各类文化对于世界经济发展与政治发展的影响进行了全面的描述。在这本书里，阐述了不同属性文化的价值观，是影响发展的重要因素，关键是看谁的价值观最具“全局性”的现实意义。在人的主观意识里，不同属性文化价值观归纳起来有两大类：一类是非经济性内在的，另一类是纯粹经济性的。内在的价值观是指人们不计个人得失而都能够遵循的价值观。例如：爱国主义价值观，人们会自愿做出牺牲，有时就个人得失而言，它是“不利的”，然而自古以来，为了捍卫祖国的主权，千百万人都会无条件地自愿献出生命。然而这种价值观是非经济性的价值观。相比之下，纯粹经济性的价值观是指那种因为具有直接利益的见解才予以遵循的价值观。我们贫穷的时候，正处在致力于经济发展的环境，为此而强调的是努力工作、提高生产效率、进行投资，如果这种有利于发展的决策所追求的只是一种经济性价值观，那么当人们富到一定程度时，努力就会减退。而为什么有的人富了起来，仍然像他贫穷的时候一样努力？这两个价值观一个是能够获得持续性的发展的非经济性的内在价值观，另一个是不可持续性的纯粹经济性价值观，关键是看机制的导向作用，如果机制能够做出具有正确决策的价值观体系，那么才能实现持续的、迅速的发展，这种使经济持久性发展的价值观，往往是内在的，当然持续发展的所必备的内在价值观虽然是非经济性的，却不能是反经济的，它们应当是既是非经济性的同时又是亲经济性的。它们是非经济性的，不会随经济成就而消失；它们是亲经济的，将会不停地推进积累的过程。当然这不是本书所关注的角度，本书关注的是以属性的角度看问题，也就是说，哪种属性文化能够形成可持续性发展的价值观，哪种文化的属性就具有强势的影响力，此时属性所代表的文化就表现出来。价值观可视作一项常规象征体系之中的一个因素，它能充当一种见解准绳，在各种行动方针中，人们依据它，在复杂的情况下可做出自己的选择。可见文化的机制导向作用是多么重要。

属于文化领域的价值观，叫做伦理。不同属性文化的人都有不同的伦理见解。一个人本着自愿接受或者通过认识见解到应该如此而加以遵循的内在价值观，所表现的行为就是道德行为。如果不同属性文化的人按照内在价值观为人处世，就是有道德的人。如果一个国家遵从非经济而又亲经济的价值观并实现经济发展，那么可以认为这种经济发展是一种有道德的现象。如果没有持续经济发展所需的价值观存在，决策过程中缺少一种内在的价值观作为依据，虽然短期愿望能够实现，但长期的愿望就会削弱，这就是价值观的功能表现。价值观功能往往充当短期和长期愿望之间的桥梁，如果因为缺少内在的价值观，人们只会顾及眼前的利益。不同属性文化的价值观都不尽相同，但是不同属性文化的价值观是影响发展的重要因素，关键是看谁的价值观最具有“全局性”的现实意义，看谁的文化属性能够产生有利于经济发展和政治发展的价值观，那么这个文化属性就是我们要关注的文化属性。当今云计算即将带来的云端及其不同属性的云端产业就已经得到了更多人的认识见解，这种见解已经形成并让更多的组织与人都在遵循着这种得到共识的价值观。

有人说，云计算这个趋势是美国人强加给我们的，是IT业强加给我们的东西。其实这并不重要，只有主动才能赢得发展。当经济发展到一定的时候，伴随着经济危机的爆发诞生了产业革命或技术变革。当社会的所有资源集聚到一个时点上，它都会派生出很多震荡与机会。人类曾经经历过多次经济危机，纵观历史，人类每次经济危机的背后往往都会催生技术变革或产业革命！都会催生重大科技创新和科技革命！例如，1957年的世界经济危机推动了电气革命，1929年世界经济危机引发了航天、航空、核能技术的突破。今天面临着随时可能出现的世界危机，云计算在此时的出现，可以说正在催生着一场新的技术革命！然而人类每次技术变革的成功，都会伴随着某种新兴事物的诞生，同时也会有新兴属性的诞生，就像达尔文的进化论描述的那样“你会不经意地感受它的到来”。云计算这个新兴事物“属性”在此时得到了持续进化与延伸是有目共睹的，当今云计算这个新兴事物的“属性”得到了更多的认可，以至于形成了潮流，云计算及其产业的趋势也就产生了。

任何事物都有它的物质发展规律，世界上任何事物的发展都存在着生命周期，事物属性也不例外，所谓事物生命周期是指事物诞生、成长、壮大、衰退乃至死亡的过程，任何事物及其属性都要经历从兴旺到衰退的物质发展过程。当你看到事物及其属性正在经历着诞生或成长或壮大或衰退或死亡的时候，不要感到惊奇与无奈，这是规律，这是无法抗拒的自然规律。

曾经辉煌的台式属性CRT从辉煌到衰落，一个台式属性整整占据了一个时代，台式属性曾经引领了这个世界。然而，当平板属性的TFT－LCD，以数字化、高清、超薄、轻便的优势出现时，台式属性CRT最终已不适应数字化、高清、超薄而退出了历史舞台。2004年以来“平板属性”正在开创属于自己的时代——平板属性的时代，如今“平板属性”的电脑正在改变着这个世界。

今天云计算来了，台式属性的PC机将被虚拟化，不久的将来伴随着智能云计算的成熟，台式属性的PC机将会走向末路。

1.7 是什么，让我们忽略了属性的重要性

通过对属性的认识，让我们了解了属性的重要性，是什么因素让我们忽略了属性的重要性？从以下几个因素中，你也许会找到忽略属性的原因。

如果原创并非源自自己，也就是自己并非是事物自身的始创，原创过程，让先行者占据了事物原创进化的历史空间，没有原创也就不能拥有事物属性的核心，失去属性核心，就没有了轴心。忽略了对事物的原创，也就失去了对事物属性的掌握，失去了拥有属性的重要性。因此，无论你怎样努力，失去了属性你将不在重要。

> **小提示**
>
> 如果原创并非源自自己，也就是自己并非是事物自身的始创，原创过程让先行者占据了事物原创进化的历史空间，没有原创也就不能拥有事物属性的核心，失去属性核心，就没有了轴心。忽略了对事物的原创，也就失去了对事物属性的掌握，失去了拥有属性的重要性。

当今正处于多样性的

管理和知识大爆炸时期，繁杂的多样性管理和过多的细节化管理，使许多管理者迷失了对事物本质属性的关注，忽略了“全局性”属性的重要性，因为细节管理不是最高层次的管理。长期以来，繁杂细节的多样性管理路径将层层的问题独立化、孤立化，这些繁杂细节几乎成为了商业管理的多样性，这些繁杂细节的碎片信息让人们忽略了从事物本质属性的“全局性”角度的思维方式，忽略了从事物本质属性的“全局性”角度看问题的重要性，当然这些不应该归因于长期以来那些经济学家习惯并热衷于这些独立或孤立的问题研究的结果。如果你以“对错”的见解层次去看这个问题，你将会一直处于商业竞争的状态；如果你站在属性的“全局性”角度以一种“适应”或“不适应”的见解层次去看这个问题，你会脱颖而出并走出艰难环境。你的见解层次很关键，任何事物都有它的本质属性，商业管理也不例外。繁杂多样性的管理学说，其本质是为人们提供了各种解决商业问题的路径，只是哪条路径适合你或者哪条路径不适合你，选择适合你的路径才是正确的，这就是从商业管理的本质属性看问题的角度，这就是你的见解层次与选择的重要性。

如果机制的导向过度地张扬个性的主张，那么这种机制使“全局性”导向失去了效力，让主张失去了“全局性”属性。

《亮剑》电视剧播出后，李云龙成了个性人物的代表。李云龙在执行一次任务的过程中，虽然上级组织下达了突围任务并指定了方位，但个性的李云龙说，怎么突围都是突围。虽然以个性的优势获得胜利突围以及个性的张扬，但是忽略了“全局性”属性，忘记了自己为谁服务，打胜仗了只能说明你很会打仗，不知道为什么打仗，那么胜负也就毫无意义，所以他需要一个政委，他不缺少打仗的能力，他缺少的是为什么打仗的“全局性”，降职、喂马、背黑锅这些对于李云龙都是没有“全局性”属性的代价。

当今并不缺少向李云龙这样的个性人物，也不缺知识，缺少的是在凸显个性的同时具有“全局性”属性意识的人才，为了“全局性”有时也需要打败仗，有时打败仗是为了获得“全局性”的战略优势。为了“全局性”有时“选择”打败仗，选择比努力更重要。

2010 年被视为通货膨胀预期，历史证明，通过“全局性”的银根收紧和控制粮食价格，是解决通货膨胀的最有效的办法。

此时，张悟本在湖南卫视媒体做了一个《百科全说之养生说法》，使全国的绿豆价格一涨再涨，导致了粮食价格的上涨，可以说这是粮食价格上涨的导火索，而这时正是国家乃至全球各国都在努力控制粮食价格的关键时期，这是“全局性”的大局，张悟本“养生说法”此时的出现，忽略了内在的“全局性”，导致了粮食上涨，影响了“全局性”。可见任何行为都必须考虑“全局性”属性，不能忽略“全局性”属性的重要性。

以事物本质属性的“全局性”角度去看问题，并非是由浅入深方式来透过现象看事物本质属性，而是由深入浅方式来透过事物本质属性看现象。长期的由浅入深思维方式，被层层的碎片信息阻扰，看不到深层的事物本质属性，从而忽略了事物本质属性的重要性。

有人经常会问：“为什么我的企业总是不能把握趋势，刚刚进入竞争状态，甚至还没有弄清楚怎么回事，还没等参加竞争，竞争就已经结束，就有了定局与结果，难道在竞争中自己的企业一点儿也不重要？”

面对云计算同样有人提出了这样的问题，有人甚至还没有弄清楚云计算是什么，云计算就已经来临了。这是因为他们不是云计算这个新兴事物的主动创造者，失去了对这个新兴事物本质属性的拥有与认知，他们的认知、方向偏离了云计算本质属性的趋势，所以他们才不知道云计算这个新兴事物的本质属性是什么，当然也不知道云计算环境下的产业趋势究竟是什么。

赢家到底用了什么方式从战乱的商业竞争环境中迅速获取了商业竞争胜利，有时甚至神不知鬼不觉，并且赢家一直处于主动地位。也许你早已经意识到了这一点，但始终不知究竟，如果你通过‘属性’路径，那么你会找到如何应对这种竞争环境局面的秘诀。长期以来，繁杂细节的多样性管理路径将层层的问题独立化、孤立化，这些繁杂细节几乎成为了商业管理的多样性。这些繁杂细节的碎片信息让人们忽略了从事物本质属性的“全局性”角度思维，忽略了从事物本质属性的“全局性”角度看问题的重要性。也许这些不应该归因于长期以来那些经济学家习惯并热衷于这些独立和孤立的问题研究的结果。如果你从事物本质属性的“全局性”角度去看问题，你会发现什么最重要，什么不重要，什么会使你变得重要！

如果你一直忽略属性只注重战略，那么如今你又面临战略迷失。如果从属性的角度分析，战略并非是企业管理的最高层次，战略最终是为企业宗旨服务，然而企业宗旨又是企业本质属性的“全局性”诠释，如此，我们可以间接地看作——战略最终在为企业本质属性的“全局性”服务。由此可见，企业本质属性是更高于战略的层次。从而你就会判断出什么重要或者为什么重要！

云计算环境下，不同属性的云端硬体都将出现，面对已经发生的未来，伴随云端硬体的诞生，也诞生了不同的新兴云端硬体属性，例如“桌体平面”这个已经发生的未来属性。

第 2 章　趋势属性的进化与终结

1. 一个属性决定一个时代
2. 云计算，台式属性的终结
3. 失去了属性，你将不再重要
4. 云计算环境下的产业变革

2.1　一个属性决定一个时代

2.1.1　曾经辉煌的台式属性

2.1.1.1　台式属性CRT电视机的辉煌与衰退

1897年，德国物理学家布劳恩发明了一种带荧光屏的阴极射线管。1939年，英国大约有2万个家庭拥有电视机，美国无线电公司的电视也在纽约世界博览会上首次露面，开始了第一次固定的电视节目演播，吸引了成千上万个好奇的观众。二战使得刚刚发展起来的电视事业几乎停滞了10年。战争结束以后，电视工业又蓬勃发展起来，电视也迅速流行起来。

1946年，英国广播公司恢复了固定电视节目的播出，美国政府也解除了禁止制造新电视机的禁令。一时间，电视工业犹如插上了翅膀，飞速发展起来。在美国，从1949年到1951年，短短三年来，不仅电视节目已在全国普遍播出，电视机的数目也从100万台跃升为1000多万台，成立了数百家电视台。

一些幽默剧、轻歌舞、卡通片、娱乐节目和好莱坞电影常常在电视中播出。千变万化的电视节目，在公众中引起了强烈反响。在不长的时间里，公众就抛弃了其他的娱乐方式，闭门不出，如醉如痴地坐在起居室的电视机前，与小小的荧屏中展示的一切同悲共喜。电视愈来愈成为人们生活中必不可少的部分了。

进入21世纪50年代，我国CRT电视机行业开始起步，其发展大致与世界CRT电视机行业的发展一致，接下来介绍我国CRT电视机行业的发展情况。至今为止，我国CRT电视机行业经历了4个历史时期，即20世纪70年代中期至20世纪80年代初期的导入期，20世纪80年代中期至20世纪90年代初期的成长期，20世纪90年代中期至2004年的辉煌期，2004年之后的衰退期。具体情况如表2-1所示。

表2-1　我国CRT电视机发展历程与大事记

年代	发展历程与大事记
1958年	我国第一台黑白电视机北京牌14英寸黑白电视机在天津712厂诞生。北京牌黑白电视机采用国产电子管机芯，也有一部分采用苏联的元器件。当时我国电视机研制技术与日本基本处在同一起跑线
1970年	12月26日我国第一台彩色电视机诞生，从此拉开了中国彩电生产的序幕。但由于受当时经济条件的限制，20世纪70年代我国彩电发展缓慢，彩电显像管等关键部件仍需要进口，产量、性能、质量等方面与同期已进入高速发展的日本相比，差距明显拉大。 20世纪70年代末80年代初我国彩电事业乘改革开放的东风，在自力更生基础上，遵循以市场换技术的指导方针，与国外厂家合作，引进世界先进技术和设备来发展自己的民族彩电工业

续表

年代	发展历程与大事记
1978 年	1978 年，国内第一个彩管厂陕西彩色显像管总厂（现彩虹集团）成立。之后不久，国家批准引进第一条彩电生产线，定点在原上海电视机厂，现在的上广电集团。1982 年 10 月竣工投产，我国彩电工业摆脱了自行摸索的阶段，缩短了与国外彩电技术的差距。这期间我国彩电业迅速升温，并很快形成规模，全国彩电生产线 100 多条，并涌现出熊猫、金星、牡丹、飞跃等一大批国产品牌
1985 年	我国电视机产量已达 1663 万台，超过了美国，仅次于日本，成为世界第二的电视机生产大国。这期间国产品牌无论是技术还是规模都有了长足的进步，仅长虹的产量就已达到单班日产 1500 台。但是，由于我国电视机市场受结构、价格、消费能力等条件的限制，电视机普及率还很低，城乡每百户拥有电视机量分别只有 1702 台和 0.8 台
1987 年	我国电视机产量已达 1934 万台，超过了日本，成为世界最大的电视机生产国。80 年代后期，国产彩电品牌囿于技术、品种、功能、质量、价格等诸多因素的局限，难以满足国内日益增长的市场需求，于是国外彩电企业凭借其技术优势、品牌优势，不失时机地抢滩中国彩电市场，造成国产品牌发展和产品销售持续趋弱
1989 年	8 月 9 日，四川长虹彩电在全国范围全面降价，每台向消费者让利 50 元，同时保证国家税收一分不少。长虹这次彩电降价开创了我国彩电史上价格战的先河，50 天后，国家出台了彩电降价政策。此次长虹降价至少产生了两个划时代的影响，首先是从此国产彩电摆脱了计划经济的阴影，企业真正取得了对自己产品营销的主动权，为我国彩电业市场化奠定了基础。此外，正是由于国产品牌不断通过价格优势与外国品牌拉开了距离，为彩电最终进入寻常百姓家创造了条件
1993 年	TCL 在上半年就开始推出“TCL 王牌”大屏幕彩电，29 英寸彩电到年底已经售出 10 多万台。1985—1993 年中国彩电市场实现了大规模从黑白电视替换到彩色电视的升级换代

续表

年代	发展历程与大事记
1996年	3月，长虹向全国发布了第一次大规模降价的宣言——降低彩电价格8%至18%。两个月后，康佳随后跟进，打响了彩电业历史上规模空前的价格战。 同年4月，长虹的销售额跃居市场第一，国产品牌通过价格战将国外品牌大量的市场份额夺回到手中。这场降价战后来也导致整个中国彩电业的大洗牌，几十家彩电生产厂商从此退出。 当时在品牌经营上，市场格局已基本成型，国产品牌基本可以分为三个组群：第一组群是80年代以熊猫、牡丹、金星等为代表的老品牌，这些品牌多进行区域性营销工作，在消费者心目中不具有知名度。第二组群是长虹、康佳、TCL、创维等当红品牌，他们凭自己的实力和策略控制着绝大部分市场份额，其中长虹、康佳、TCL三家企业即占37.82%的市场份额。由于彩电是技术成熟产品，生产和开发难度不大，因此这个组群发展很快。到90年代中期，全国已有彩电企业98家，国产品牌彩电年产量高达3500万台，从而稳居世界首位并保持至今。与此同时，国产彩电在质量和高新技术含量上的不断提高为开拓国内市场奠定了基础，而价格更是具有与外国品牌竞争的优势。 国产彩电销售额首次超过进口彩电，取得了历史性的胜利
1998年	我国彩电业进入成熟阶段，产量持续位居世界首位，电视机产量达到3513万台，其中彩电产量2643万台，彩电产量比1980年增长了822倍。此外与实际产量相比，我国电视机的潜在生产能力更大，据电子部统计截至1997年年底，我国电视机生产能力已达6507万台，其中彩色电视机生产能力4479万台，有近半数生产能力闲置。我国城镇居民彩电拥有量已经超过100%，而农村的彩电拥有量也已经达到了32.5%，电视机成为20年来对我国居民生活最具影响力的产品
2001年	中国彩电业大面积亏损，康佳、厦华、高路华亏损，长虹每股盈利只有1分钱，这种局面直到2002年才通过技术提升得以扭转

续表

年代	发展历程与大事记
2002 年	长虹宣布研制成功了中国首台屏幕最大的平板属性液晶电视，屏幕尺寸达到了 30 英寸，当时被誉为“中国第一屏”
2003 年	4 月，倪润峰掀起背投普及计划，背投电视最高降幅达 40%
2004 年	美国开始对中国彩电实施反倾销，导致中国彩电无法直接进入美国市场。2004 年，中国彩电总销量是 3500 万台，其中平板电视销量不过 40 万台，占整个彩电产品的 1.14%
2006 年	国产台式属性 CRT 电视销量为 3112 万台，首度出现下滑，比上一年下降 3%
2007 年	国产台式属性的 CRT 电视销量下滑到 2400 万台，平板属性的液晶和等离子电视出现大幅增长
2009 年	日本彩电企业大多全面停产台式属性 CRT 电视，全球台式属性 CRT 电视市场出现了持续萎缩的局面

据国家信息产业部一项统计资料显示，1998 年全国已有 3 亿电视客户，电视机及其带动的电子元器件等电子产品的产值约占全国电子信息产品总产值的 43%。电视机品种已由早期的黑白电视机进入彩色电视机，由模拟向数字化迈进，显示器由球面到平面，以至于背投，等等，创新的步伐越走越快。进入品牌竞争时代的彩电企业，其产品已不仅仅单指它的有形商品，还包括它的服务、信誉、品牌、经营理念和企业文化。国产彩电企业的历史任务是塑造出具有“中国籍”的国际名牌，

只有当一个品牌国际化时，其品牌形象才会更加稳固，而品牌国际化的关键是技术在国际上领先。彩电技术的发展如表2－2所示。

表2－2　彩电技术的发展

彩电类型	特　点
纯平彩电	彩电的屏幕是全平面的，图像如“相片”一样。屏幕的每个角落都能忠实地再现图像，并能正确地显示图形和文字。镜面电视的图像真实，外来杂散光很少，视角宽阔，看惯了球面管电视图像，在看纯平彩电，尤其是二者在一起比较时，纯平电视图像会有一种凹进去的感觉，这是人眼初看不适应而造成的。纯平彩电是相对于超平彩电、平面直角彩电、球面彩电而言的
大屏幕彩电	是指屏幕尺寸在25英寸以上的彩电
数字彩电	国际上把“全数字电视”简称为“数字电视”，英文为DIGITAL TELEVISION，缩写为DTV。全数字电视技术涵盖了以下三个领域：①电视演播室节目制作、播出及发送设备中的数字化技术；②电视接收机中的数字化技术；③将模拟制PAL、NTSC、SECAM电视信号的传送与存储技术转换为数字制电视信号的传输与存储技术。从人眼的视觉效果上看，数字电视可分为以下三类：①数字高清晰度电视，简称HDTV，采用符合人眼视觉生理特点的16:9的屏幕长宽比；②数字电视标准清晰度电视，是一种普及型数字电视机；③数字低清晰度电视，是一种VCD档级的数字电视。目前我国市场上流行的所谓“数码电视”虽然不是真正意义上的数字电视，却采用了数字技术，改进了普通模拟电视的收看效果

续表

彩电类型	特　点
数码双频彩电	即为兼容数字信号与模拟信的电视机
电脑电视	英文缩写为 PCTV，它是将电脑与电视合二为一，完美结合而形成的一个既具有电视功能又具有家用电脑功能的多媒体设备，它是计算机技术，特别是网络技术迅速发展而创造出的一个产物
图文电视	图文电视是电视多工广播的一种方式，它利用时分复用原理，在正常电视信号的场消隐期间，附加传送诸如国内、国际新闻，节目预报，天气预报，股市行情等
宽屏幕电视	宽屏幕电视是指屏幕幅型比（宽高比）为 16:9 的电视
背投	背投也称大屏幕投影电视机，背投通常为大屏幕电视，它是将录像机、LD 影碟机、VCD、DVD、摄像机等设备输出的视频信号，再现在大屏幕投影银幕上

近年来，台式属性的 CRT 生存与发展受到平板显示器（FPD）的严峻挑战。目前台式属性 CRT 唯一的价格优势也正在消失。随着全球一些公司纷纷退出台式属性 CRT 领域，台式属性 CRT 的发展受到了严重的制约，尽管剩余的台式属性 CRT 生产企业正在竭尽全力研发新的超薄型台式属性 CRT，但也难以摆脱持续衰落的困境。

2.1.1.2 台式属性计算机曾经领导这个世界（台式属性计算机发展史）

1. 晶体管时代（1947—1958）

表 2-3 晶体管时代的台式属性计算机的发展情况

年 份	发展历程与大事记
1947 年	12 月 23 日，贝尔实验室的肖克利（William B. Shockley），布拉顿（John Bardeen），巴丁（Walter H. Brattain）创造出了世界上第一只半导体放大器件
1948 年	6 月 10 日，香农在《贝尔系统技术》杂志（Bell System Technical Journal）上连载发表了影响深远的论文《通信的数学原理》，并于次年在同一杂志上发表了自己的另一著名论文《噪声下的通信》。在这两篇论文中，香农阐明了通信的基本问题，给出了通信系统的模型，提出了信息量的数学表达式，并解决了信道容量、信源统计特性、信源编码、信道编码等一系列基本技术问题。两篇论文成了信息论的奠基性著作，此时尚不足三十岁的香农也成了信息论的奠基人。 12 月，世界上第一家电脑公司“埃克特-莫契利计算机公司”（EMCC）成立
1949 年	当时尚在美国哈佛大学计算机实验室的上海籍华人留学生王安向美国国家专利局申请了磁芯的专利。贝尔实验室制造了 M 系列计算机的最后一个型号：M-6，并从此不再涉足计算机的研制与生产。贝尔实验室所研制的 M 系列继电器计算机，是从机械计算机过渡到电子计算机的重要桥梁。 9 月，“马克”3 号计算机研制成功，“马克”3 号也是霍德华·艾肯研制的第一台内存程序的大型计算机，他在这台计算机上首先使用了磁鼓作为数据与指令的存储器，这是计算机发展史上的一项重大改进。从此，磁鼓成为第一代电子管计算机中广泛使用的存储器。英国剑桥大学数学实验室的 Wilkes 和他的小组建成了一台存储程序的计算机 EDSAC，输入输出设备仍是纸带

续表

年　份	发展历程与大事记
1950 年	东京帝国大学的 Yoshiro Nakamats 发明了软磁盘，从而开创了计算机存储的新纪元。 10 月，阿兰·图灵发表了一篇极其重要的论文《机器能思考吗》，从而为人工智能奠定了基础，图灵也获得了“人工智能之父”的美誉。甚至有人说，在第一代计算机占统治地位的那个时代，这篇论文可以看做第五代、第六代计算机的宣言书
1951 年	6 月，莫契利和埃克特再次联袂制造 UNIVAC 计算机并移交给美国人口普查局使用，从而使计算机走出了实验室，开始为人类社会服务，从此人类社会进入了计算机时代。 6 月，王安创办了王安实验室，即王安电脑公司的前身，从此开始了王安电脑传奇般的历程
1952 年	1 月，由计算机之父，冯·诺伊曼设计的 IAS 电子计算机 EDVAC 问世。这台 IAS 计算机总共采用了 2300 个电子管，运算速度却比拥有 18000 个电子管的“埃尼阿克”提高了 10 倍，冯·诺伊曼的设想在这台计算机上得到了完美的体现
1953 年	4 月，IBM 正式对外发布自己的第一台电子计算机 IBM 701。并邀请了冯·诺依曼、肖克利和奥本海默等共 150 名各界名人出席揭幕仪式，为自己的第一台计算机宣传。 8 月，IBM 发布了应用于会计行业的 IBM 702 计算机
1954 年	6 月 8 日，阿兰·图灵去世。IBM 推出了中型计算机 IBM 650，以低廉的价格和优异的性能在市场中获得了极大的成功，至此，IBM 在市场中确立了领导者的地位。贝尔实验室使用 800 只晶体管组装了世界上第一台晶体管计算机 TRADIC

续表

年　份	发展历程与大事记
1956 年	美国达特莫斯大学（Dartmouth）青年助教麦卡锡、哈佛大学明斯基、贝尔实验室香农和 IBM 公司信息研究中心罗彻斯特（N. Lochester）共同在达特莫斯大学举办了一个沙龙式的学术会议，他们邀请了卡内基-梅隆大学纽厄尔和赫伯特·西蒙、麻省理工学院塞夫里奇（O. Selfridge）和索罗门夫（R. Solomamff），以及 IBM 公司塞缪尔（A. Samuel）和莫尔（T. More）。这就是著名的“达特莫斯”会议。在经过充分的讨论后，他们首次提出了“人工智能”这一术语，从而标志着人工智能作为一门新兴学科的出现。 9 月，IBM 的一个工程小组向世界展示了第一台磁盘存储系统 RAMAC（Random Access Method of Accounting and Control）
1957 年	8 月，“数字设备公司”（DEC）在美国波士顿成立。创立者是来自于麻省理工学院的肯·奥尔森（K. Olsen）。此后的数十年中，DEC 公司依靠自己的 PDP 系列，开创了小型机时代。 10 月，诺依斯、摩尔、布兰克、克莱尔、赫尔尼、拉斯特、罗伯茨和格里尼克共同从晶体管之父肖克利的实验室出走，创办了仙童（fairchild）公司，这就是历史上著名的“八天才叛逆”。从此，才有了人们熟悉的 intel，AMD，IDT 等一大批著名企业。八天才叛逆的两个重要人物是诺依斯和摩尔
1958 年	11 月，IBM 推出了自己的 IBM 709 大型计算机，这是 IBM 公司自 IBM 701 以来，性能最为优秀的电子管计算机，但同时它也是 IBM 最后一款电子管计算机

2. 集成电路时代（1959—1970）

表 2-4　集成电路时代的台式属性计算机的发展

年　份	发展历程与大事记
1959 年	2 月 6 日，TI 公司的基尔比（J. Kilby）向美国专利局申报专利“半导体集成电路”。7 月 30 日，仙童公司向美国专利局申请专利“半导体集成电路”
1960 年	麻省理工学院教授约瑟夫·立克里德（J. Licklider）发表了著名的计算机研究论文《人机共生关系》，从而提出了分时操作系统的构想，并第一次实现了计算机网络的设想
1962 年	供职于蓝德公司的保罗·巴兰发表了一篇具有里程碑式意义的学术报告《论分布式通信》，在文中他首次提出了“分布式自适应信息块交换”，这就是现在称之为“分组交换”的通信技术
1963 年	8 月，控制数据公司（CDC）的西蒙·克雷（S. Cray）博士带领自己的研发小组研制成功 CDC 6600 巨型机，CDC 6600 仍属于第二代电脑，共安装了 35 万个晶体管
1964 年	4 月 7 日，在 IBM 成立 50 周年之际，由年仅 40 岁的吉恩·阿姆达尔（G. Amdahl）担任主设计师，历时四年研发的 IBM 360 计算机问世，标志着第三代计算机的全面登场，这也是 IBM 历史上最为成功的机型
1965 年	DEC 公司推出了 PDP-8 型计算机，标志着小型机时代的到来。当时尚在仙童公司的摩尔发表了一篇仅有三页篇幅的论文，这就是对今后半导体发展有着深远意义的“摩尔定律”
1966 年	时任美国国防部高级研究规划属（ARPA）信息处理技术办公室（IPTO）主管的鲍伯·泰勒启动了“阿帕”（ARPA）网的研究计划

续表

年份	发展历程与大事记
1968 年	IBM 公司首次提出"温彻斯特"技术，探讨对硬盘技术做重大改造的可能性。 4 月，"通用数据公司"（DGC）成立，创办人为从 DEC 离职的 PDP－8 设计师卡斯特罗。 7 月 18 日，从仙童公司辞职的戈登·摩尔（Gordon. Moore）、诺伊斯、肖克利共同创立了 intel 公司，从此为计算机的发展和普及作出了不可磨灭的贡献。 12 月 9 日，美国加利福尼亚大学的恩格巴特（Douglas Englebart）博士发明了鼠标。它的工作原理是通过底部小球的滚动带动枢轴转动，并带动变阻器改变阻值来产生位移信号，信号经计算机处理，屏幕上的光标就可以移动。恩格巴特博士设计鼠标的初衷就是想通过这种简便的操作方式来代替烦琐的键盘操作，但是在鼠标诞生最初的十多年中人们并没有认识到这种操作方式的简便性，直到 1984 年苹果 Macintosh 的诞生才改变了人们的陈旧观念（另有一种说法为恩格巴特博士于 1964 年发明了鼠标，并于 1968 年的 IEEE 会议上正式对外公布了其发明）
1969 年	DGC 公司推出了自己的小型机 Nova，成功地打入了一直被 DEC 把持的小型机市场，并成为当年最为红火的新兴企业。贝尔实验室开发了 Unix 操作系统。5 月 1 日，桑德斯从仙童公司辞职，并利用 10 万美元创立了 AMD 公司。 10 月 29 日，阿帕网美国加州大学洛杉矶分校节点与斯坦福研究院节点实现了第一次采用分组交换技术的远程通信，这也标志着互联网的正式诞生

续表

年　份	发展历程与大事记
1970 年	10 月，美国施乐公司在今天硅谷的帕洛阿托成立了 Palo Alto Research Center（PARC）研究中心，更为重要的是，施乐并没有为来到这里的科学家制订任何研究计划，而是让他们自由发挥。在此后的几年中，PARC 诞生了以太网、面向对象、图标、菜单、视窗等一系列改变今后计算机发展方向的全新概念，并间接孵化了 Windows、Office、Macintosh 等划时代的软件作品，从中走出的科学家还创立了 Adobe、3Com、Novell 等改变 IT 世界格局的企业

3. 微处理器时代（1971—1979）

表 2－5　微处理器时代的台式属性计算机的发展

年　份	发展历程与大事记
1971 年	来自《电子新闻》的记者唐·赫夫勒（Don Hoefler）依据半导体中的主要成分硅命名了当时帕洛阿托地区，硅谷由此得名。 1 月，intel 的霍夫研制成功了第一枚能够实际工作的微处理器 4004，该处理器在面积约 12mm^2 的芯片上集成了 2250 个晶体管，运算能力足以超过 ENICA。intel 于同年 11 月 15 日正式对外公布了这款处理器
1972 年	曾经开发了 Unix 操作系统的 Dennis Ritchie 领导开发出 C 语言。原 CDC 公司的西蒙·克雷（S. Cray）博士独自创立克雷研究公司，专注于巨型机领域
1973 年	5 月 22 日，由施乐 PARC 研究中心的梅特卡夫组建了世界上第一个个人计算机局域网络——ALTOALOHA 网络，开始正式运转，梅特卡夫将该网络改名为“以太网”

续表

年 份	发展历程与大事记
1974 年	4 月 1 日，intel 推出了自己的第一款 8 位微处理芯片 8080。 12 月，电脑爱好者罗伯茨（E. Roberts）发布了自己制作的装配有 8080 处理器的计算机“牛郎星”，这也是世界上第一台装配有微处理器的计算机，从此掀开了个人计算机的序幕
1975 年	克雷完成了自己的第一个超级计算机“克雷一号”（CARY－1），实现了每秒一亿次的运算速度。该机占地不到 7m^2，质量不超过 5 吨，共安装了约 35 万块集成电路，同时这也标志着巨型机跨进了第三代计算机的行列。7 月，比尔·盖茨（B. Gates）在成功为牛郎星配上了 BASIC 语言之后从哈佛大学退学，与好友艾伦（Paul Allen）一同创办了微软公司，并为公司制定了奋斗目标：“每一个家庭每一张桌上都有一部微型电脑运行着微软的程序！”
1976 年	4 月 1 日，斯蒂夫·沃兹尼亚克（Stephen Wozinak）和斯蒂夫·乔布斯（Stephen Jobs）共同创立了苹果公司，并推出了自己的第一款计算机：Apple－Ⅰ。 6 月，美国伊利诺斯大学的两位数学家沃尔夫冈·哈肯（W. Haken）和肯尼斯·阿佩尔（K. Apple）利用计算机成功地证明了困扰世界数学界长达 100 多年的“四色定理”（四色定理在 1852 年提出，即任何地图均可由四种颜色组成就能区分所有相邻的国家和地区）。9 月施振容创立宏基公司。 10 月，雅达利公司推出了世界上第一款 3D 电子游戏《夜行车手》（Night Driver），游戏只有黑白两色，采用第一人称视角
1977 年	6 月，拉里·埃里森（Larry Ellison）与自己的好友 Bob Miner 和 Edward Oates 一起创立了甲骨文公司
1979 年	6 月，梅特卡夫离开了 PARC，并同 Howard Charney、Ron Crane、Greg Shaw 和 Bill Kraus 创建一个计算机通信和兼容性公司，这就是著名的 3Com 公司

4. PC 时代

表 2－6　PC 时代的台式属性计算机的发展

年　份	发展历程与大事记
1980 年	年初，Novell 公司推出了 NetWare 网络操作系统。 9 月 30 日，DEC、intel 和施乐共同发布了以太网技术规范，这就是著名的以太网蓝皮书
1981 年	7 月，沈望傅创立创新科技公司。 8 月 12 日，经过一年的艰苦开发，由后来被 IBM 内部尊称为 PC 机之父的唐·埃斯特奇（D. Estridge）领导的开发团队完成了 IBM 个人计算机的研发，IBM 宣布了 IBM PC 的诞生，由此掀开了改变世界历史的一页。 8 月 12 日，微软推出 MS－DOS 1.0 版
1982 年	一名年仅 15 岁的少年通过计算机网络闯入了“北美空中防务指挥系统”，这是首次发现的从外部侵袭的网络事件。这名年轻人就是后来被判入狱的世界头号黑客，被美国联邦法院宣判终生不得接触计算机产品的凯文·米特尼克。他的另一件“事迹”就是在 1994 年的时候向圣迭戈超级计算机中心发动进攻，将整个互联网置于危险的境地。 2 月，康尼恩（R. Canion）、史蒂麦克（G. Stimac）和巴雷斯（H. Barnes）共同组建了康柏公司。 2 月，intel 发布 80286 处理器，时钟频率提高到 20MHz，并增加了保护模式，可访问 16M 内存。支持 1GB 以上的虚拟内存。每秒执行 270 万条指令，集成了 134 000 个晶体管。 9 月 29 日，3Com 公司推出了世界上第一款网卡——EtherLink 网络接口卡，这也是世界上第一款应用于 IBM PC 上的 ISA 接口网络适配器。 11 月，康柏公司推出了便携式 PC 机 Portable，这也是第一台非 IBM 制造的 PC 兼容机

续表

年　份	发展历程与大事记
1983 年	1 月，苹果公司推出了研制费用高达 5000 万美元的丽萨（Lisa）计算机，这也是世界上第一台商品化的图形客户界面的个人计算机，同时这款计算机也第一次配备了鼠标。 5 月 8 日，IBM 推出了 IBM PC 的改进型号 IBM PC/XT，并为其内置了硬盘
1984 年	迈克尔·戴尔创立了戴尔公司。联想公司成立。来自英国的 Adlib Audio 公司推出了第一款声卡：魔奇声卡，从而让 PC 拥有了真正的发声能力。 1 月 24 日，苹果公司推出了划时代的 Macintosh 计算机，不仅首次采用了图形界面的操作系统，而且第一次使个人计算机具有了多媒体处理能力。 8 月 14 日，IBM 推出了采用 intel 80286 处理器的 IBM PC/AT 电脑。年底，康柏开始开发 IDE 接口
1985 年	飞利浦和索尼合作推出 CD－ROM 驱动器。ATI（Array Technology-Industry）公司成立。 7 月，intel 公司推出了计算机历史上有着举足轻重地位的 80386 处理器，这也是 intel 公司的第一枚 32 位处理器。 11 月，在经历了多次延期之后，微软公司正式推出了 Windows 操作系统
1986 年	9 月，康柏公司第一次领先于 IBM 推出桌上型 386 个人电脑 Desk-pro PC，这在当时引起了不小的轰动。同月，Amstrad Announced 发布便宜且功能强大、面向家庭设计的计算机 Amstrad PC 1512。该机具有 CGA 图形适配器、512KB 内存、8086 处理器、20MB 硬盘驱动器，并采用了鼠标器和图形客户界面

续表

年　份	发展历程与大事记
1987 年	4 月 2 日，IBM 推出 PS/2 系统。最初基于 8086 处理器和 XT 总线。后来过渡到基于 80386 处理器，开始使用 3.5 英寸 1.44MB 软盘驱动器。引进了微通道技术，这一系列机型在市场中取得了巨大成功，累计出货量达到 200 万台。 11 月，微软推出了 Windows 2.0 版。相比于上一个版本，微软在 Windows 中加入了动态数据交换和覆盖式窗口等先进技术
1988 年	11 月 2 日，由 23 岁研究生罗伯特·莫里斯编制的“蠕虫”病毒在互联网上大规模发作，这也是互联网第一次遭受病毒的侵袭，从此，计算机病毒逐渐传播开来
1989 年	4 月 10 日，intel 公司在拉斯维加斯电脑大展上首度发表集成有 120 万晶体管的 486 处理器。 4 月，华硕公司在中国台湾省成立。11 月，SoundBlastCard 声卡正式发布
1990 年	苹果公司联合 Motorola 和 IBM 公司一同开发了基于 RISC 结构的微处理器 PowerPC，为的就是能够同 intel 公司的 X86 系列处理器相抗衡。3 月 24 日，因患癌症，王安病逝于美国马萨诸塞州立总医院。 5 月 5 日，美国纽约地方法院正式开庭，判处 1988 年“蠕虫”病毒制造者莫里斯 3 年缓刑，罚款 1 万美元和 400 小时公益劳动。 5 月 22 日，微软宣布推出 Windows 3.0 操作系统，并在年底创下销售 100 万套的纪录。当时的 Windows 3.0 操作系统提供了对多媒体、网络等众多先进技术的支持，从而被称为软件技术的一场革命

续表

年　份	发展历程与大事记
1991 年	2 月 1 日，杰·维尔伯（Jay Wilbur），约翰·卡麦克（John Carmack）、约翰·罗米洛（John Romero）、亚德利安·卡麦克（Adrian Carmack）以及汤姆·豪尔（Tom Hall）共同创办了 idSoft 公司。约翰·卡麦克是公司的首席技术领袖，负责游戏引擎的设计；约翰·卡麦克是首席关卡设计师以及游戏设计；亚德利安·卡麦克是首席美术设计；汤姆·豪尔是公司的主要游戏设计师。 10 月 5 日，来自芬兰的大学生 Linus. Torvalds 开发出了一种基于 UNIX 的操作系统 Linux，并且将源代码全部公开于互联网上，从而引发了席卷全世界的源代码开放运动。Linux 本身在经过全世界无数程序员的改进后也逐渐成长为一个成熟的操作系统，并在全世界流行开来。 Apple，Motorola，IBM 共同签署了一项协议，将联手开发 PowerPC 芯片和基于该处理器的 PC 系统，从而开始了 PC 历史上不同架构间的第三轮较量
1992 年	Internet 协会成立，简称 ISOC。 4 月，微软推出了 Windows 3.1，在这个版本中 Windows 具有了对象嵌入与链接功能，并进一步完善了对网络和多媒体等技术的支持。 8 月 18 日，王安电脑公司正式向美国联邦法院申请破产保护。 9 月，威胜（VIA）在中国台湾省成立

续表

年　份	发展历程与大事记
1993 年	美国总统克林顿在加州报告中正式提出了组建国家信息基础设施（NII）的构想，这就是后来的信息高速公路计划。 1 月，nVidia 公司在美国圣克拉拉正式成立。 3 月 2 日，我国接入 Internet 的第一根专线，中科院高能物理研究所租用 ATT 公司的国际卫星接入美国斯坦福线性加速器中心的 64K 专线正式开通。 3 月 22 日，intel 公司正式发布奔腾处理器。初期发布的奔腾集成了 300 多万个晶体管，工作在 60～66MHz，每秒钟可执行 1 亿条指令。微软发布了 Windows NT 操作系统，这也是第一个不依赖于 DOS 的视窗操作系统。 9 月 21 日，王安公司宣布脱离破产法的保护。 12 月 10 日，idSoft 公司的 FPS 游戏作品《DOOM》正式提供下载。这款游戏也被称为计算机历史上最为优秀的作品，因为它第一次让玩家体验到了流畅的三维空间，而此时 3D 加速卡还没有问世，DOOM 实现了一次巨大的技术飞跃
1994 年	3 月，Linux 1.0 发布，代码量 17 万行，当时是按照完全自由免费的协议发布，随后正式采用 GPL 协议。至此，Linux 的代码开发进入良性循环，越来越多的人开始在自己的 PC 上尝试 Linux 操作系统。 3 月，来自 SGI 公司的 ScottSellers、来自 Mediavision 的 GaryTarolli 和 RossSmith 三个技术工程师靠 550 万美元的风险投资共同创立了 3Dfx 公司，拉开了 3Dfx 传奇的序幕。 9 月，索尼/飞利浦发布了高密度 CD 碟片。这种高密度 CD 碟片就是现在被称为 DVD－9 和 DVD－18 格式碟片的始祖。 11 月 7 日，美国弗吉利亚林克伯格学院数学教授莱斯利（T. Nicely）发现了奔腾处理器在进行除法运算的时候会发生错误，这一消息瞬间传遍了互联网，在全世界引起了轩然大波。12 月 12 日，IBM 宣布停止采用奔腾处理器。 12 月 20 日，intel 总裁格罗夫举行新闻发布会向客户赔礼道歉，并宣布将无条件为所有提出要求的客户免费更换 CPU。intel 用高达 10 亿美元的代价挽回了自己的声誉

续表

年　份	发展历程与大事记
1995 年	3 月，美国华裔青年杨致远和同在斯坦福大学的同学戴维 · 菲洛（David. Filo）共同创办了 Yahoo 公司
	6 月 5 日，IBM 以 35 亿美元巨资，强行收购了莲花（Lotus）软件公司。莲花曾经是一家举世瞩目的软件巨头，它的代表产品为著名的办公软件 Lotus1 - 2 - 3
	8 月 16 日，以 intel，HP，IBM 等巨头为首的 58 家公司宣布，将在 1995 年底实现 UNIX 平台的统一
	8 月 24 日，微软公司正式向全世界推出了划时代的 Windows 95 操作系统。这次发布微软采用了全球各地同时发布的办法，并斥资 5 亿美元作为宣传费用，创下了软件宣传费用的历史之最，而 Windows 95 的发布，也开创了一个全新的 wintel 联盟
	9 月 15 日，欧、美、日 10 家制造公司达成协议，DVD 光盘将包括视频和音频、只读和可写等全面解决方案。数据记录采用东芝 - 华纳阵营的双面记录法，数据读取采用索尼 - 飞利浦的单面方法，从此 DVD 制式之争以双方的妥协而正式告终
	11 月 1 日，intel 公司正式宣布推出 Pentium Pro 处理器，其最高速度达到了 200MHz，内部集成有 550 万晶体管，每秒可执行 4.4 亿次指令。这就是后来称之为“高能奔腾”的新一代处理器

续表

年　份	发展历程与大事记
1998 年	1 月 26 日，康柏公司宣布收购 DEC 公司，收购价格为 96 亿美元。DEC 公司曾经在小型机时代拥有对市场的绝对统治地位，康柏将其收购后，将使自己一举成为世界上仅次于 IBM 的第二大计算机公司。 4 月，intel 推出了 440BX 芯片组。关于这款芯片组近乎完美的兼容性，至今无人能出其右的内存执行效率，而让许多老一代的 DIYer 念念不忘，而这款芯片组在当今快速更新换代的市场中存在长达 3 年之久，更是创造了一个不朽的神话。 5 月，美国司法部以及得克萨斯等 20 个州对微软公司正式提起反垄断诉讼，指控微软利用自身在操作系统市场中的垄断地位，通过捆绑销售等手段不正当排挤 Netscape 等竞争对手。 5 月 5 日，intel 宣布投资 5000 万美元成立中国研究中心。 6 月 1 日，AMD 公司推出了 K6 - 2 处理器，并使用低价策略处处紧逼 intel 公司。 6 月 25 日，身处美国司法部反垄断案困扰中的微软公司发布了其最新的计算机操作系统 Windows 98，并且不顾司法部的极力反对而在系统中同样捆绑了 IE 浏览器。 8 月 15 日，已经逐渐被世人淡忘的苹果公司突然推出了 iMac 计算机，这台拥有梦幻造型的计算机不但马上引起了世界的轰动，更是将苹果公司从亏损的深渊中拉了出来。 8 月 24 日，intel 推出了装有二级高速缓存的赛扬 A 处理器，这就是日后被众多 DIYer 捧上神坛的赛扬 300A。 11 月 1 日，美国铱星公司成立。该公司通过由 66 颗卫星组成的铱星系统，首次实现了能从地球的任何地点进行连接的服务。同日，美国数十家电视台在 23 个大城市正式播出数字式电视节目，这也标志着数字电视时代的到来。 11 月 5 日，微软中国研究院在北京正式成立。 11 月 24 日，美国最大的 Internet 服务提供商 AOL 宣布将以价值 42 亿美元的股票收购 Netscape 公司

续表

年份	发展历程与大事记
1999年	2月26日，intel公司推出了PentiumⅢ处理器。PentiumⅢ采用了和PentiumⅡ相同的Slot1架构，并增加了拥有70条全新指令的SSE指令集，以增强3D和多媒体的处理能力。最初时钟频率为450MHz，总线速度为100MHz，采用0.25μm工艺制造，集成有512KB或以上的二级缓存。 4月26日，中国台湾学生陈盈豪编写的CIH病毒在全球范围内爆发，近100万台计算机软硬件遭到不同程度的破坏，直接经济损失达数十亿美元。 5月10日，idSoft推出了《QuakeⅢ》的第一个测试版本，此后的时间中，《QuakeⅢ》逐渐确立了FPS游戏竞技标准，并成为了计算机硬件性能的测试标准之一。 6月23日，AMD公司推出了采用全新架构，名为Athlon的处理器，并且在CPU频率上第一次超越了intel公司，从此拉开了精彩激烈的20世纪末处理器主频速度大战。 9月1日，Nvidia公司推出了GeForce 256显示芯片，并提出了GPU的全新概念。 9月21日，中国台湾省发生强烈地震，造成芯片价格疯狂飙升。 10月25日，代号为Coppermine（铜矿）的PentiumⅢ处理器发布，采用0.18μm工艺，内部集成了256KB全速L2 Cache，内建2800万个晶体管。 11月5日，美国联邦法院裁定美国微软公司握有垄断权，并利用手中垄断权削弱竞争对手

续表

年　份	发展历程与大事记
2000 年	1 月 1 日，全世界都在等待，但千年虫并没有爆发。 2 月 17 日，美国微软公司正式发布 Windows 2000。 3 月 4 日，索尼公司的 Play Station 2 游戏机正式在日本上市。 3 月 16 日，AMD 公司正式推出了主频达到 1GHz 的 Athlon 处理器，从而掀开了 GHz 处理器大战。 3 月 18 日，intel 公司推出了自己的 1GHz Pentium 3 处理器。同一天，资产高达 50 亿美元的铱星公司宣告破产，公司全面终止其铱星电话服务。五角大楼最终获得了铱星的使用权。 4 月 27 日，AMD 公司发布了“毒龙”（Duron）处理器，开始在低端市场向 intel 发起冲击。 5 月 14 日，名为“I LOVE YOU”（爱虫）的病毒在全球范围内发作，仅用三天的时间就造成全世界近 4500 万台电脑感染，经济损失高达 26 亿美元。 9 月 14 日，微软正式推出了面向家庭客户的 Windows 千禧年版本 Windows Me，同时这也是微软最后一个基于 DOS 的操作系统。 11 月 12 日，微软宣布推出薄型个人电脑 Tablet PC。 11 月 20 日，intel 正式推出了 Pentium 4 处理器。该处理器采用全新的 Netburst 架构，总线频率达到了 400MHz，并且另外增加了 144 条全新指令，用于提高视频、音频等多媒体及 3D 图形处理能力。 12 月 14 日，3Dfx 宣布将全部资产出售给竞争对手 Nvidia，从而结束了自己传奇般的历史

续表

年　份	发展历程与大事记
2001 年	2 月 1 日，世嘉宣布退出游戏硬件市场。 3 月 26 日，苹果公司发布 Mac OS X 操作系统，这是苹果操作系统自 1984 年诞生以来首个重大的修正版本。 6 月 19 日，intel 推出采用“Tualatin”（图拉丁）内核的 Pentium 3 和赛扬处理器，这也是 intel 首次采用 0.13μm 工艺。 9 月 4 日，惠普宣布将使用 250 亿美元，用换股的方式收购康柏，整个收购将在 2002 年上半年完成。 9 月 11 日，美国遭受恐怖袭击，全球经济遭受影响，并波及本已不景气的 IT 产业，几日后纳斯达克指数 1500 点大关失守。 10 月 8 日，AMD 宣布推出 Athlon XP 系列处理器，新处理器采用了全新的核心，专业 3DNow！指令集和 OPGA（有机管脚阵列）封装，而且采用了“相对性能标示”（PR 标称值）的命名规范，同时该处理器极为优异的性价比使得 intel 压力倍增。 10 月 25 日，微软推出 Windows XP 操作系统，比尔·盖茨宣布：“DOS 时代到此结束。”Windows XP 的发布，也推动了身处低潮的全球 PC 硬件市场。 11 月 15 日，微软推出 XBOX 游戏机，售价 299 美元
2002 年	2 月 5 日，Nvidia 发布 GeForce 4 系列图形处理芯片，该系列共分为 Ti 和 Mx 两个系列，其中的 GeForce 4 Ti4200 和 GeForce 4 MX440 两款产品更是成为市场中生命力极强的典范。 2 月 26 日，希捷公司推出了全球首款 SerialATA 接口硬盘。 5 月 13 日，沉寂多时的老牌显示芯片制造厂商 Matrox 正式发布了 Parhelia - 512（中文名：幻日）显示芯片，这也是世界上首款 512bit GPU。 7 月 17 日，ATI 发布了 Radeon 9700 显卡，该显卡采用了代号为 R300 的显示核心，并第一次毫无争议地将 Nvidia 赶下了 3D 性能霸主的宝座。 11 月 18 日，Nvidia 发布了代号为 NV30 的 GeForceFX 显卡，并在该产品上首次使用了 0.13μm 制造工艺，由于采用了多项超前技术，因此该显卡也被称为一款划时代的产品

续表

年　份	发展历程与大事记
2003 年	1 月 7 日，intel 发布全新移动处理规范“迅驰”。 2 月 10 日，AMD 发布了 Barton 核心的 Athlon XP 处理器，虽然在推出后相当长的一段时间内得不到媒体的认可，但是凭借超高的性价比和优异的超频能力，最终 Barton 创造出了一个让所有 DIYer 无限怀念的 Barton 时代。 2 月 12 日，FutureMark 正式发布 3Dmark03，但是由此却引发了一场测试软件的信任危机。 4 月 22 日，AMD 发布了面向服务器市场的 64 位处理器 Opteron。 9 月 23 日，在连续跳票达一年多之久后，AMD 第一次脱离 intel 制定的指令集架构，正式发布了面向桌面级客户的 64 位处理器 Athlon64 和 Athlon64FX

2.1.2　平板属性液晶显示器的发展

作为近几年才突然兴起的平板属性新产品，平板属性液晶显示器正在大规模取代笨重的台式属性 CRT 显示器，成为现在主流的显示设备。可是，平板属性液晶显示器的发展之路并不是人们想象中的那样一帆风顺。下面，回顾一下近年平板属性液晶显示器发展的艰辛曲折之路。

我们平时所说的平板属性液晶显示器，它的英文全称为 Liquid Crystal Display，缩写为 LCD，直译成中文就是液态晶体显示器，简称为液晶显示器。

液晶是一种几乎完全透明的物质。它的分子排列决定了光线穿透液晶的路径。到20世纪60年代，人们发现给液晶充电会改变它的分子排列，继而造成光线的扭曲或折射，由此引发了人们发明液晶显示设备的念头。

20世纪80年代平板属性TFT－LCD（薄膜晶体管）平板属性液晶显示器技术研发出来，但液晶技术仍未成熟，难以普及。

20世纪80年代末90年代初，日本掌握了STN－LCD及平板属性TFT－LCD生产技术，平板属性LCD工业开始高速发展。

和TN技术不同的是，TFT－LCD的显示采用“背透式”照射方式——假想的光源路径不是像TN－LCD液晶那样从上至下，而是从下向上。这样的做法是在液晶的背部设置特殊光管，光源照射时通过下偏光板向上透出。由于上下夹层的电极改成FET电极和共通电极，在FET电极导通时，液晶分子的表现也会发生改变，可以通过遮光和透光来达到显示的目的，响应时间提高到80ms左右。因其具有比TN－LCD更高的对比度和更丰富的色彩，荧屏更新频率也更快，故TFT－LCD俗称“真彩”。相对于DSTN而言，TFT－LCD的主要特点是为每个像素配置一个半导体开关器件。由于每个像素都可以通过点脉冲直接控制，因而每个节点都相对独立，并可以进行连续控制。这样的设计不仅提高了显示屏的反应速度，同时也可以精确控制显示灰度，这就是TFT－LCD色彩较DSTN－LCD更为逼真的原因。目前，绝大部分笔记本电脑厂商的产品都采用平板属性 TFT－LCD。早期的平板属性 TFT－LCD 主要用于笔记本电脑屏幕的制造。尽管在当时 TFT－LCD 相对于 DSTN－LCD 具有极大的优势，但是由于技术上的原因，平板属性 TFT－LCD在响应时间、亮度及可视角度上与传统的台式属性 CRT 显示器还有很大的差距。由于 TN 型液晶属于“常亮”（液晶像素在没有电压驱动时显示为亮）显示模式，生产工艺中出现的瑕疵容易导致 TFT 故障而无法把驱动电压加到液晶像素上，这在屏幕上就会显示成一个“亮点”。良品率向来就不高的液晶生产线只能尽量避开“亮点”集中的部位来切割液晶面板，由于早期的液晶面板生产线玻璃基板比较小，这样使得可以成功切割出亮点较少的大屏幕面板并不多，不改进工艺的话，生产大屏幕液晶并不经济。极低的成品率导致其高昂的价格，使得桌面型的平板属性 TFT－LCD 成为遥不可及的尤物。传统的台式属性 CRT 显示器经历了从黑白到彩色，从球面到柱面再到平面直角，直至纯平的发展。在这段加速度前进的历程中，显示器的视觉效果不断地提高，色彩、分辨率、画质、带宽和刷新率等各项指标均有大幅度的提升。纯平显示器画面清晰、色彩真实，图像无扭曲、视角更广阔，而且在设计上还充分考虑了人类视觉构造的原理，好的纯平显示器具有长时间使用，眼睛感觉不到疲劳等一系列优势。而同期的平板属性液晶显示器存在画面延时，色彩还原不够真实，可视角度不够广阔等缺点。所以，在2005年以前，平板属性液晶显示器一直生活在台式属性CRT显示器的阴影下。不过平板属性液晶显示器拥有宽广的发展前景。可以说纯平显示器是台式属性CRT显示器发展的最高水平，这是因为台式属性CRT显示器的基本工作原理是依靠高电压激发的游离电子轰击显示屏而产生各种各样的图像，技术已经十分成熟，没有太多的发展余地。受限于此，台式属性CRT显示器在体积、重量、功耗等方面表露出自己的劣势。

2001年前后，由于液晶面板厂商基本都是第三代以前的生产线，在切割15、17英寸等主流尺寸液晶面板的时候成本居高不下，因此，平板属性LCD的售价自然也居高不下，15英寸平板属性液晶显示器售价达到4000元以上，和当时同样显示面积的17吋台式属性CRT显示器2000多元的价格，根本没有任何优势，所以，在那个年代，平板属性液晶显示器只是一些奢侈玩家的摆设品。

2.1.3 平板属性液晶显示器的崛起

2.1.3.1 概述

在台式属性CRT时代，一提到大屏幕显示器，必然认人联想起索尼的21英寸、24英寸、三菱的22英寸等产品，它们给人的感觉是价格高昂，只适合专业人士和少数发烧玩家。这是由于高分辨率的大屏幕台式属性 CRT 的关键技术迄今为止仍只集中在日本少数厂商手中，没有形成有效竞争，因而造成产品价格居高不下，一般消费者难于接受。而且台式属性 CRT 显示器缺点也比较突出，即便是有消费能力的客户也要考虑拥挤的桌子是否适合再放上一个庞然大物，再加上台式属性 CRT 显示器耗电高且具有一定辐射等因素，导致大屏幕台式属性 CRT 一直无法普及，距离广大消费者甚远。

经过 2003 年平板属性液晶显示器大幅度调价，消费者发现平板属性液晶显示器的价格与台式属性 CRT 显示器进一步接近了，尤其是大尺寸平板属性液晶显示器的售价和同尺寸的台式属性 CRT 显示器相比，甚至有一些尺寸开始有优势。消费者在关注平板属性液晶显示器的同时，开始注意到平板属性液晶显示器具备的一些独特的优势。

大屏幕平板属性液晶显示器轻薄的机身对提高桌面利用率是显而易见的。19 英寸的台式属性 CRT 显示器其厚度普遍有 40cm，而当时相同尺寸的平板属性液晶显示器厚度不超过 4cm，大大节约了桌面空间。随着双头输出显卡的普及，越来越多的客户需要同时使用两台显示器，笨重硕大的台式属性 CRT 显示器显然不再适合，平板属性液晶显示器才是最佳对象。

大屏幕平板属性液晶显示器大多数均设有 VESA 标准的悬

臂接口，可以方便地与各种各样的悬臂支架配合以应用到特殊的场合中。平板属性液晶显示器特有的窄边框设计使其在拼接成屏幕墙的时候更加完美，而台式属性 CRT 由于重量及外形原因，悬挂及拼接电视墙相对成本要高很多且效果并不理想。

传统的 D－Sub 模拟接口和数字化的 DVI 视频接口已经成为当时大屏幕平板属性液晶显示器事实上的标准配置。客户不但可以通过数字化的视频接口享受无信号失真的干净画面和操控的便利性，还可以通过传统 D－Sub 接口兼容旧显卡，让两台主机共用同一台显示器。多数大屏幕平板属性液晶显示器还配备了其他模拟视频输入接口和 3.5mm 音频输入接口以供多媒体应用，部分产品甚至还配备 USB Hub。而小屏幕平板属性液晶显示器由于产品市场定位普遍较低和可供利用空间有限，只有在某些高端型号才配备部分上述接口。

传统的台式属性 CRT 显示器分辨率普遍要比同尺寸的平板属性液晶显示器要低，17 英寸台式属性 CRT 显示器的分辨率普遍为 1024×768，而 17 英寸普屏平板属性液晶显示器支持 1280×1024，同时它的可视面积相当于 19 英寸台式属性 CRT 显示器的可视面积。更高的分辨率可以在屏幕上显示更多的信息，即使观看 1920×1080 的 HD TV 节目源也不至于丢失太多的像素。另外，更大显示面积令客户在欣赏电影时不再只局限于一个视觉效果最佳的“皇帝位”，即便是 2、3 人也能同时看到相同质量的画面。

从 2004 年开始，平板属性液晶显示器已经慢慢取代台式属性 CRT 显示器，成为显示设备的主流产品。

2.1.3.2　平板属性液晶显示器发展的一些重要历程

响应时间技术在各大液晶显示器厂商的大力推动下，在 2006 年 9 月到达了极限，1ms 响应时间的产品的出现和其带来的改善效果让人们意识到平板属性液晶显示器画质效果并不单纯由响应时间所决定。

另一个影响液晶显示器画质效果的是动态画面的残影现象。因为人的眼睛都有视觉残留反映，就是说人眼看到一幅画面以后，在之后的一段时间里（大约是 0.1s，会因不同的信号刺激而有所不同）人脑会认为这幅画面仍然存在。而液晶的显示特性也是问题之一，由于液晶面板是“点成像”，就算画面响应时间再短，画面中物体移动时，人眼会自动追踪物体移动轨迹，然而液晶屏幕的连续性显示却无法满足人眼的需求，也就是说无法骗过人眼，因此人脑仍会感受到残影的存在。

画质并不是单纯由响应时间决定的，在有效解决残影现象之后，液晶显示器厂商开始往其他的方向发展。

1. 改善背光控制手段

传统的平板属性液晶显示器大部分采用的是 CCFL 背光手段，CCFL 的背光设计主要有两种：“侧入式”与“直落式”。

越大尺寸的平板属性液晶显示器，其背光模组所占的成本比重就越大，所指的正是直落式 CCFL 背光模组。根据统计，同样是使用直落式 CCFL 背光模组，在 15 英寸时背光模组仅占整体成本的 23%，但是到 30 英寸时就增至 37%，且到 57 英寸时，背光模组所占的成本就会达到 50%。

同时，除了随着尺寸增加成本迅速增长的缺点之外，CCFL 背光还有耗电过高的缺点。据了解，目前 CCFL 背光模组的用电已占平板属性液晶显示器整体用电的 90% 之多。所以，改变背光技术是目前改变平板属性液晶显示器画质的一个方向。

因此，业界也在寻求各种背光实现技术。由于 LED 应用于显示光源及背光源具有高色彩饱和度、快速启动、无汞及寿命长等优点，因此 LED 则是可行方案之一。

如索尼的 Qualia 系列电视，即是高端的大尺寸（40 英寸、46 英寸）的平板属性液晶显示器，其背光部分是用 WLED 所构成，称为 WLED 背光技术。

2. 倍频刷新与画面插黑技术

倍频刷新技术，简单来说，就是将原本仅有 60Hz 的画面更新率，提升到 120Hz（以 NTSC 来看），但是这不是单纯地提升画面更新率，在提升画面更新率的同时，也要利用画面处理器来内插画面，就是在 2 格画面中间要产生 1 幅新画面（依照图像内容而有所不同），借以填补动态图像的不足。

此技术未来发展性仍相当高，由于面板更新率的改善，将来也有可能产品 3 倍频、4 倍频的画面处理技术，借以带来更平顺的画面效果。

插黑技术也是概念相当久远的技术之一，其与倍频刷新的概念有若干类似之处，都是将画面更新率倍增，但是在插入画面方面，插黑技术是插入全黑的画面，借此消除人眼的视觉残留现象。由于插入黑画面时，可能会导致面板的漏光现象，影响到整体的亮度对比值，因此要审慎控制黑画面插入与正常画面的比例，避免降低亮度对比值。此外，黑画面插入也会降低平均亮度，因此也有人提出不要插入纯黑画面，而是插入前后 2 幅画面的灰阶平均值画面，借以兼顾亮度和动态影像的品质。

3. 自然色彩完美体验——高色域技术出笼

1931 年，国际照明委员会 CIE 制定了 CIE1931 RGB 系统，规定将 700nm 的红、546. 1nm 的绿和 435. 8nm 的蓝作为三原色，后来 CIE1931 - xy 色度图成为描述色彩范围最为常用的图表。色域就是在这张图上所覆盖的范围，而这个范围就是由 RGB 三种纯色的坐标所围成的三角形或者多边形（增加补色）的面积。

一般在 PC 监视器应用方面，多采用 sRGB 标准的色域定义，sRGB 是微软操作系统所提供的标准定义，而在视频应用方面，采用的多是 NTSC 定义，在颜色涵盖度方面要比 sRGB

来得广。

但是色域并不是越广就越好，即使监视器本身能够达到超高色域，但是这些多出来的颜色不一定能为人眼所辨识，NTSC算是普遍公认的色域定义标准，而在部分特殊应用上（如印刷或印前作业），也有厂商自订的色域规范。而将显示装置的颜色范围所能涵盖的特定的标准色域定义的比例称为该标准色域定义的饱和度，例如将之称为符合70%的NTSC色域饱和度，或者是符合90%的sRGB色域饱和度等。

色域的呈现主要取决于背光，众所周知，液晶面板本身并不发光，而是必须通过背光才能够显示画面。传统CCFL灯管由于在荧光材质上的限制，红光呈现能力偏弱，加上所搭配的彩色滤光片的混色效果较差，最终呈现的色域饱和度不佳，导致平板属性液晶显示器或电视在色域呈现能力上不足，多数仅能达到72% NTSC。

新型的W－CCFL（广色域背光灯管）能够相当程度地改善色域呈现问题，有效加强颜色饱和度，如果搭配新型的多色滤光片（在RGB三原色以外多加如黄色、青色或白色等颜色的滤光片，借以增加颜色呈现能力），在显示能力上还能够进一步提升。滤光片对色域表现有所帮助，但是幅度不大，影响色域呈现能力主要还是在背光模组技术方面。W－CCFL只是在荧光材质上进行改良，仅仅更换W－CCFL背光模组，就能将色域饱和度从原来的72% NTSC提升到92% NTSC的程度，且几乎不会增加成本，因此各大液晶监视器或平板属性液晶电视制造公司也大幅采用此种背光技术，只要是色域范围在 90% NTSC 左右者，几乎都是此类灯管。

随着 LED 光源技术的进步，采用 LED 作为平板属性液晶显示器背光光源的产品也越来越多。采用此类背光，可将色域提升到破表的程度，也就是超越 NTSC 色域范围，目前关于 LED 背光技术的发展仍然以日韩为业界领导者。

从近几年平板属性液晶显示器技术发展的现状和趋势来看，它们无一不是围绕着同一主题："追求人类肉眼舒适性极限"。另外，除了追求视觉舒适性极限之外，平板属性液晶显示器技术的发展更多的是扩展应用的范围，如 3D 显示、触摸屏技术等，基本都是现有技术的延伸和应用。

2.1.4　正在改变世界的平板属性（平板电脑时代）

目前，市场对平板电脑的欢迎程度远远出乎了专业市场调查公司的预计与预测，当 2002 年 11 月微软向市场上推出 Windows XP Tablet PC Edition 版本的时候，盖茨预测平板电脑将在未来的五年中成为最流行的个人电脑。但当时市场分析人士对盖茨的说法不以为然。市场分析人士分析到 2004 年年底，平板电脑的市场份额只会占据所有笔记本电脑市场 3% 的份额。

但仅仅3个月之后，这些市场分析人士就不得不重新发布他们对平板电脑未来销售情况的预测报告，因为目前全球市场对平板电脑的欢迎程度远远超出了他们当初的估计。这也是平板电脑的第一次浪潮。

平板电脑的火暴情形让许多大厂商都始料不及，世界各大PC制造商所生产的平板电脑几乎都成了紧俏货。东芝公司的Portege 3500平板电脑甚至在美国曾经出现过脱销的局面。鉴于这种情况，东芝当时对Portege 3500平板电脑产品加大了出货量。惠普的康柏TC 1000也同样获得了市场的青睐。平板电脑之所以受到市场的热烈欢迎，是因为它提供的不仅仅是一般的书写功能，它还可以在上面画图。另外在演讲或其他会议场所，与会者使用电子笔就能在公众场合完成各种记录，却没有了键盘打字所带来的噪声。当然，它与一般的笔记本一样，能非常方便地保存各种各样的记录文件。

平板电脑走俏，最大的赢家当然还是软件巨头微软。但微软以及世界各大PC制造商要想在未来从平板电脑上获取最大的利润，他们还必须对目前的平板电脑进行大量的改进以提高工作效率。硬件和软件都是如此，平板电脑不过是刚刚开始。

Tablet PC与平板电脑一样一直是比尔·盖茨所钟爱的一个项目，早在2000年的Comdex展会上，他首次展示Tablet PC，当时盖茨所描述的Tablet PC只采用笔输入，他认为这是PC在功能和可用性上的一个革命性步骤。微软的鲍尔默也曾介绍过新的、可支持 Windows 7 触摸屏的新平板电脑，微软一直在为 Tablet PC 能够流行起来而努力。

因为微软并非是硬体 PC 厂商，它主张的是操作系统，它的优势也是操作系统，尽管与多方硬体 PC 厂商曾经多次联手，早在 10 年前，微软对平板电脑提出了自己的构想。但是，始终因缺少硬体撑腰，而丧失主导能力。近期与诺基亚的联手可以说是又一次软硬整合，不断升级 Windows 的微软模式也许就此会有所改变。

谁都无法否认，当 iPhone 出现后几乎彻底改变了智能平板手机的设计方向与市场格局；当 iPad 出现的时候，可以看到平板电脑正因此而展开一次全新的革命。自从苹果高调推出自己的平板电脑产品 iPad 之后，正在全世界重新刮起一股平板电脑的热潮。似乎每推出一款新产品或宣布进军一个新领域，都能在全世界引起不小的轰动，推出 iPhone 手机时如此，推出平板电脑 iPad 同样如此，推出平板电脑 iPad2 还是如此。应该说，苹果并不是最早宣布开始平板电脑研究的品牌，也不是最早推出平板电脑产品的企业，苹果却凭着 iPad 的推出，成功引领了全球平板电脑发展的又一次浪潮。正是因为 iPad 的出色表现，很多媒体都将 2010 年看成是平板电脑发展的新纪元。

从某种意义上讲，谷歌的 Chrome OS 比 iPad 更具革命意义。因为它出自一家纯粹的互联网公司，这个产品本身也代表了非常纯粹的云端理念。苹果希望计算能够向着一个精心策划的环境发展，使得所有相关的内容都具备精雕细琢的界面，谷歌则认为操作系统应当是几乎不可见的。没有文件，没有客户端应用，云计算环境下云端客户真正需要的是高级的网络应用，Chrome OS 将所有的端客户都直接引入“云”中。谷歌坚信云计算很快就能够提供所有的东西，无论是与本地化软件具备相同质量的应用，还是打印机驱动程序，都将应有尽有。

纵观历史，PC 世界似乎永远不缺乏领衔主角，也不怕突变创新，从台式机领导世界，再到笔记本主导潮流，然后上网本开始异军突起，再到如今的平板电脑正在改变世界。进而云计算来了，不同属性的云端硬体都将会出现，不可否认的是，平板属性以其成熟性将是云端硬体的最大趋势。

2.2　云计算，台式属性的终结

数字化计算正在发生着根本性的变化，云计算就是这种变化的开始，云计算是目前正在发生的新兴事物，这种变化将与十几年前的互联网出现后所带来的变化同样显著。云计算预示着在未来存储信息和运行应用程序的方式将会发生变化，云计算最终使计算机虚拟化。过去运行程序和数据都存放在属于用户自己的 PC 机里面，云计算是把用户自己的文件放到“云”里，运行程序和数据是在一个虚拟网络的计算机里，虚拟空间不受限制，有多大文件就占用多少空间，对于使用者来说没有空间浪费，不仅如此，人们所需要的应用程序也在“云”里，人们将不需要自装应用程序到桌面，所有的信息与应用软件都将运行在“云

> **小提示**
>
> 云计算最终使计算机虚拟化，程序和数据不再运行和存放在台式属性计算机上，相反，一切都将托管到“云”中，使网络成为了计算机，计算机成为了网络。网络与计算机的本质属性并没有变，变化的只是计算机与网络的使用方式。
>
> 随着云计算成为主流趋势，今天主流的、以台式属性的 PC 机为计算中心的计算方式注定会走向终结。

体”里面，这个“云体”是数百或数千台通过互联网相互融合的个人电脑或网络服务器，而用户自己只需在“云端”操作，这个云端是一个Web桌面，Web桌面不同于原来的PC机桌面，用户不再受到桌面的限制，所使用的软件程序并不是运行在用户的个人PC机上，而是存放在能够通过因特网访问的“云体”上，即使用户的PC机崩溃了，该程序仍然可以供其他人使用。对于用户所创建的文档同样如此，它们存放在通过因特网访问的“云体”中。任何具有权限的用户不仅可以访问这些文档，而且可以对这些文档进行实时编辑和协作。这些和台式属性PC机为中心的计算模式不同，云计算模式是以文件或任务为中心的。这样一来台式属性的PC机将走向末路，至于使用哪一台PC机来访问文档，这一点不重要，而云端是用户必须面对的“云关”，不同属性的云端此时将会出现。对于大多使用者来讲，无需关心云计算中通过互联网相互融合的个人计算机或网络服务器的“云体”，如同生活中不必关心自来水厂、发电厂，你只需在意你的水龙头终端、你的用电终端即可，正如维基百科所认为的那样，客户不需要知道如何管理那些支持云计算的设施。云计算的发生并没有使互联网的本质属性发生变化，互联网还是互联网，变化的只是计算机以及网络的使用方式，这个使用方式才是云计算的本质属性。有人说，云计算是21世纪的一次计算机革命。其实，计算机还是计算机，计算机的本质属性并没有变，变化的只是计算机的使用方式，云计算将计算机虚拟化了，使网络成为了计算机，计算机成为了网络。网络与计算机的本质属性并没有变，变化的只是计算机与网络的使用方式。

随着云计算成为主流趋势，今天主流的、以台式属性的 PC 机为计算中心的计算方式注定会走向终结，这是未来的趋势。

2.3 失去了属性，你将不再重要

了解云计算属性的重要性！无论是对最终客户，还是开发者，云计算和云技术都意味着很多东西。对于客户来说，云计算为终端客户提供的好处会很多，首先是一个使用网络应用的人再也不会被一台 PC 机、一个地点或一个网络完全给绑定，无论你身在何处，只要想就能访问应用程序和文件，再也不必担心你的计算机崩溃的时候会丢失数据，无论客户的台式属性 PC 机出现什么状况，放在云中的文件都会始终存在。另外，还有利于群组协作，世界不同地方的客户能够实时地在相同的文件、应用项目上进行协作，这是一个云计算能够启动的全新的、协同计算的世界。

对于开发者来说，云计算为他们提供了更多的存储和处理能力来运行所开发的应用程序，云计算也为他们带来了信息获取、数据处理和分析以及从世界任何地方，连接人和资源的方法，从本质上来说，它消除了开发人员的开发局限，利用云计算开发人员再也不用忍受有限的物理资源的约束了。

云计算完成这一切的成本会很低，因为与传统的网络计算相比，云计算更能有效地共享资源，使用和运用云计算，你的计算机硬体不必放在公司的办公室里或数据中心里。云的基础设施也就是云体，可以位于任何地方，甚至可以将云体放置在那些房地产和电力成本更低的区域。除此之外，IT部门也不必关心云体的高峰负荷能力，因为高峰负荷可以分散到云体的外部设备中，企业不再需要购买设备用于根本看不见的密集的计算任务。如果需要更多的处理能力，云计算总能提供更高的性价比，使成本更低。

了解了云计算的这些属性，你将做出怎样的趋势判断？你必须要了解、认知云计算的本质属性，才能做出正确的判断。

云计算来了，似乎世界的每一个角落都能听到这个新兴事物涌现的消息，一种势不可当的趋势正在影响着我们和我们的世界。有人问："我怎么不知道云计算，云计算到底是个什么东西？"因为你不知道云计算这个新兴事物的本质属性是什么，更不是这个新兴事物的创造者，你就不能把握这个新兴事物的本质属性。如果你的认知、方向偏离了未来属性的趋势，面对云计算不论你怎样努力，一切都将不再重要，因为你已经无足轻重了，忽略了属性你将远离这个趋势。

2.4 云计算环境下的产业变革

2010年，部分媒体披露了“苹果iPad不遵守中国三包规定”，在业界及消费者中引起较大反响。苹果公司声称“iPad不是电脑”的理由也遭到消费者抨击。对于iPad的产品定位，众说纷纭，有人说，这是典型的平板电脑，因为它有操作系统，有应用程序。也有人说，这不过是大号的iPhone，除了尺寸和通话功能，其余跟iPhone也没有任何差别，纯粹就是苹果牌的MID（移动互联网设备）。

看过上述这些新闻后，你有何感想？这些变化都是科技进化的表现，云计算的开始，各种属性的云端硬体都将涌现出来，在云计算的环境下各种属性的云端硬体是不是电脑已经不再重要，因为电脑已经被虚拟化放在云里。iPad的属性是平板属性，它是不是平板电脑根本不重要，平板属性才是关键，iPad是通过无线上网的，今后不同属性的云端硬体都会出现，包括手机移动式的云端硬体，这是云计算带来的，只要能够上网就可以完成你的计算机工作，也就是说在云计算的环镜下，只需要能够实现上网的云端硬体。云端对于客户来讲，只是处于“无软件”模式下运行，云端硬体是不是计算机不再重要。云计算环境下不同属性的端都会出现，如图 2－1 所示，这就是云计算环境下的产业变革的开始。如果把 iPad 看做是一种平板属性的端，一切认识都将会发生变化，iPad 无论是手机的变形延伸，还是云端硬体变革，在云计算的环境里，iPad 是不是计算机根本就不重要，重要的是，iPad 正在以平板属性的端产品改变着世界。正如 *Behind the Cloud* 的作者 Marc Benioff 所说的那样：“我们已经今非昔比，世界也是如此。我们曾经不得不把我们‘无软件’模式推销到市场去，而现在一个云计算行业的兴起改变了这一切。我们一直认为一切都将进入云端。”

云计算给人们带来便利的同时，人们的办公环境也会随之变化。云计算环境下，发生最大变化的应该是办公场景，平板属性的云端硬体有望满足远距离移动居家办公。如果平板电脑能够使得便携视频通话变得方便，办公室人员就没有必要整天跑来跑去了，甚至完全可以待在家里办公。伴随着云计算的进化与发展，人们办公的固定形式工作平台将会以 m 为单位的云端硬体为中心，办公环境需要面对这个已经发生的未来。除了平板属性，云端硬体正在推动以 m 为单位的大型固定形式的桌体平面属性产业的进化，今天桌体平面属性已经来临并成为现实，桌体平面——是正在和已经发生的未来属性。

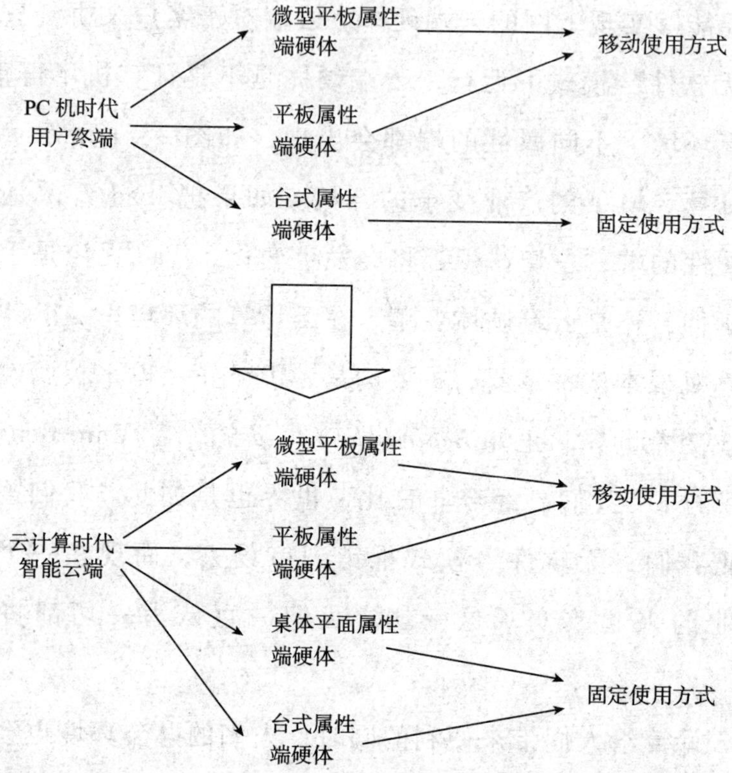

图2－1　PC机时代与云计算时代不同属性的端硬体及其使用方式

2007年，在《华尔街日报》举办的"All Things Digital"会议上，微软演示了一种"Surface Computing"（表面计算）技术，并由此组建了一个桌体平面属性的"Surface"平台，无需鼠标和键盘，只用双手和触摸屏，就能即时、交互地轻松管理自己的数字内容，尤其是移动手机、数码相机与桌体平面属性Surface的"表面通信"技术，引起了世界的关注，并给人们留下了深刻的印象。

不知你是否发现这些端产品，无论是平板属性的小型端产品，还是桌体平面属性的大型端产品，它们都有一个共同的特征，那就是都采用了“屏幕输入”技术，原有的键盘消失了。更多的人看到的是多点触摸技术，却忽略了“屏幕输入”的属性特征。一个产品、一个新兴事物的诞生同样会伴随着它诞生一个新兴属性，产业变革绝不是产品的设计形态与外观单方面的变化，如同 iPad 是不是计算机一点也不重要，重要的是，它是一个端产品，是它的平板属性以及伴随着它一起诞生的那些新兴功能属性。云计算环境下的产业变革还将继续，不知你是否能够重新审视自己，让自己以属性的角度去看问题并使自己融合到云计算产业的变革中。

第3章　什么是云桌

1. 云桌的定义
2. 云桌包含的内容
3. 一云多屏的云桌
4. 屏幕输入与表面通信
5. 哪些人受益于云桌
6. 云桌——私有云体的分布表现
7. 云桌的集成产品开发模式
8. 云桌的分久必合、合久必分的趋势
9. 云桌——成就你的世界中心
10. 云桌的三网融合应用

3.1　云桌的定义

云桌就是云端工作平台，这是根据 cloudtable 的本意来解释的，但是云桌不完全如此，严格地讲，云桌所设计的是云端硬体平台，是一种以 m 为单位的大型桌体平面属性智能云端硬体。云桌适合于私有云（专属云）和公共云的用户端云端硬体，它的设计保留了硬体 CPU 部分，硬体 CPU 部分由多个 CPU 集群叠加而成，CPU 之间可以是融合连接，也可以分布连接构成一个复合云端硬体，云桌可同时接入多个云端，云端之间的切换操作通过云端硬体传感装置中的体感实现操作。云桌是为了云计算的环境的来临而设计的，它更多地考虑了智能操作，其中融合了大量的各种多样性传感器，这些传感器相互融合或集成在一起，

> **小提示**
>
> 云桌是云端硬体平台，是一种以 m 为单位的大型桌体平面属性智能云端硬体。
>
> 云桌是为云计算办公环境而设计的，其必要内容是将智能识别以及多重传感混搭在一起，使云端设备不再局限于移动或台式属性，再现一种超大尺寸的桌体平面属性的高性能云端硬体设备，办公桌面成为云端显示器，这就是云桌最初的设计与定位。

其目的是实现屏幕输入和表面通信等感知自动化的智能控制。如今，办公环境需要面对云计算这个已经发生的未来，云桌的客户主要是面对高效云端硬体多重协作运行的人士。作为云端硬体它不同于平板电脑，也不完全基于 Web 的应用，云桌保留了 PC 并且叠加了 CPU 及其集成融合功能，也可以直接使用服务器及其中间件，目的是将其可以作为私有“云体”的一部分，无论是企业云、机构云、部门云，它都将提供一个安全的“私有云体”（专属云）外在补充部分，以提高对于云计算的信任。其中私有云往往不对公众开放，私有云与传统的数据中心相比，这个云数据中心可以支持灵活动态的基础设施，可以降低 IT 构架的复杂程度，可以使各种 IT 资源得以整合和标准化，并且还可以通过自动化部署使 IT 资源更加容易满足业务需求的变化。由于私有云的服务对象是针对企业内部，私有云可以不受各种限制，私有云可以提供更多的安全和私密专属性的保证措施。云计算尚不成熟，但是云计算还是来临了，计算机被虚拟化。其使用方式将会发生变化，因为云计算大多是以 Web 为平台，尤其是私有云，云桌就是为此而诞生的，作为私有“云体”的一部分，它选择了云计算环境下云端硬体之间的“集成与融合”重要性，并以此作为云端硬体平台。云端硬体将会非常重要，这个平台与新兴的桌体平面属性相结合，更加实用并具有全球性，因为它们都是世界办公环境中共同具备的属性事物。无论如何办公平台都必须面对“桌体平面”这个已经发生的未来属性，在云计算的环境里成就云端硬体平台，通过“桌体平面”属性的云端硬体平台融合云计算，让客户成为世界中心，这就是云桌最初设计定义与定位的本质属性。

3.2 云桌包含的内容

2004 年，我参与了“云桌”的全部设计与研发，云桌是云桌公司主动创新的新兴创意产品。该产品的属性为“桌体平面”，是继台式属性显示器和平板属性显示器之后的又一新兴属性智能平台显示器产品。

云桌产品的设计融合了正在发展的世界主流“云端”硬体技术以及“桌体平面”属性显示器技术，构建了一个新兴产品并作为云计算环境下的传统办公桌子平台换代产品，同时开创了全球办公信息家具新兴行业。云桌的诞生，开创了前所未有的办公信息家具新行业，又开创了办公桌平台几千年不变的单一桌体平面属性向智能信息化的转换。

鉴于以桌体平台为载体，将智能云端硬体用于云计算办公信息环境，使桌体平面属性显示器以及智能云端硬体在云计算办公环境发挥其独特的优势，将需要面对云计算办公环境的云桌，定位于云端硬体智能办公平台，不让云桌“平凡”，而是作为一个办公智能平台，用于解决办公环境已经发生的未来场景，给决策者带来真正智能信息办公环境，这就是云桌企业科研专家们的独创成果。

云计算环境里，尽管可以利用更多的移动云端设备进行各种场景办公，只要利用浏览器就可以完成工作。但是仍需要面对来自各种多重的场景。企业办公室有各种各样的使用需求，将各种工作编辑在一起，这就要求设备的智能化与多重功能。对云桌的设计，是将智能识别以及多重传感器混搭在一起和多个云端硬体复合，这是必要内容，使云端设备不再局限于移动或台式属性，而是再现一种超大尺寸的桌体平面属性的高性能复合型云端硬体设备，办公桌面成为云端显示器。这样一来通过显示表面，机器对机器将变得极为重要，也就是机器间的通信将是非常必要的，例如，在云桌的表面每个设备上都有自己的发送和接收装置或 IP 地址，通过来自服务器的消息，协调各个设备之间的运作，这样就可以使云桌与各个设备上的资源得到最大限度的有效利用。云计算并不是突然出现的，云桌也并非突然而生，云计算是以往技术和计算模式发展和演变的一种结果，云计算未必就是计算模式的最终方式，而是适合于当前商业需求和技术可行性的一种模式，云桌也是应对这个变化孕育而生的。

3.3　一云多屏的云桌

云桌的设计重点考虑了实际工作场景，云计算的办公环境也同样面对多重场景，云桌的设计让更多的办公场景得到了应用与实现。在实际办公环境中，往往需要同时处理几件事，如：看工作报告、监视巡查企业实时监控、看股票大盘、会客或讲解设计方案，云桌为此场景提供着最大的可能，但是无论怎样，单一的桌体平面屏幕满足不了多重场景的同时处理，无论怎样都满足不了，尽管当初我们设计了一个桌面屏幕可以显示四层云端界面，但是频繁的操作会分散使用者的思维。一个屏幕无论如何是不够的，一个“全局性”的设计就是在这种情况下产生了，大胆地设计了一个桌体平面硬体云端使用三个屏幕，利用桌面的剩余表面增加显示余量的个体，例如股票大盘单独使用一个隐藏式的小面积长时显示屏幕，此屏幕用于只看与监视。使用一个32:9的曲面透明屏幕用于显示娱乐欣赏视觉性信息，使其建立于看与用的两种层次上。桌体平面的主屏用于看、用和互动平台（玩）三个层次。一个云端硬体使用三个屏幕的一云多屏的设计方案，使云桌在多种场景下得以实现与应用。一云多屏可以让三个屏幕相互合作，既可以分开工作，又可以同时互动，降低了频繁的操作，可以自如应对多重场景。整个切换过程不需要一个手动开关，只需手势或体感就可以完成。一个云端硬体可以同时完成多个云计算场景还可以一云多屏完成多个任务，可见其高效给使用者带来了一种全新的工作方式，再现一种高端智能场景。这样一来就可以使云桌得到最大限度的有效利用。

3.4 屏幕输入与表面通信

如果以便携来比较无线通信的话，通常手机的效果会比较出色。但是，一项称作表面通信（Table Surface Communications，TSC）的新技术，利用计算机或云端硬体与移动电话快速无线交换数据，利用桌体平面云端计算机屏幕的水平显示表面间接操控手持移动电话，实现既能短距离通信相互交换数据，又能实现远距离无线通信的表面融合而初露锋芒。该技术的诞生，使移动电话的内部信息与计算机快速无线相互交换，未来人们将实现移动电话与计算机的融合。该技术将会减少设备间的烦琐连线，加快生活节奏，给人们的生活带来更多的便利。伴随着 3G 移动电话的成熟与普及，该技术可能会催生 4G 多功能移动电话的发展。通过桌体平面云端的无线

> **小提示**
>
> 屏幕输入与表面通信是云桌的出色表现，屏幕输入依赖于表面通信技术。表面通信实现了移动手机与云桌屏幕表面的视觉通信，通过短距离通信操控远距离通信，使无处不在的手持移动电话与计算机或云端互通互用，数据可以在无线的状态下快速交换，通过大型桌体平面云端计算机的屏幕显示表面可以间接操控手持移动电话。

短距离收发射机，对桌体平面云端计算机屏幕表面的触发启动短距离表面定向通信。其定向信号传输有助于短距离及表面通信的安全性。当客户想把移动电话内的信息转移到桌体平面云端计算机时，就可以建立连接，进行数据传输与交换，更令人惊奇的是，利用桌体平面云端计算机的显示表面间接操作移动电话的各种功能，通过短距离通信实现远距离的无线通信。正是基于表面通信的这些特性，使移动电话的用处更加广泛，当今全球移动电话的普及使移动电话无处不在，该技术使移动电话与计算机互通互用、相互融合，实现移动电话与计算机之间的一种功能上的互补，对于客户而言，表面通信为其进入信息家电生活提供了一个低成本的便利途径。手机客户未来可将其手中的移动电话当做移动电脑。通过表面通信技术，客户甚至可以将用移动电话拍摄的图像通过桌体平面云端计算机屏幕播放出来也可发送出去，这项由云桌公司开发的技术，应用于即将上市的桌体平面云端计算机、云桌产品之中。根据云桌市场研究事业部门预测，伴随表面通信新兴产品的出现，计算机市场、通信市场、信息家电市场、现代办公市场都将出现前所未有的新兴景象。

表面通信技术利用成熟的蓝牙技术，采用蓝牙核心规范3.0高速版。这是一种全新的交替射频技术，其特点是大幅度提高了蓝牙技术的数据传输速率，达到24Mb/s。因此，除了可获得更稳定的音频流传送且更低的耗电量之外，还可充分利用带宽优势同时连接多个蓝牙设备。目前，新型移动手机已经开始支持蓝牙3.0技术，适合0.1～10m范围通信。表面通信技术的传输范围比起无线射频识别技术（radio frequency identification，RFID）要小得多，而上述的标准正是基于此而定。

表面通信与无线射频识别技术的关键区别在于表面通信中增加了能够建立连接的蓝牙技术，因为蓝牙设备之间的无线通信可令表面通信表面显示设备与移动电话彼此自动寻找对方，进而建立通信连接。这是一个P2P方案，它不同于无线射频识别技术网络，这种网络是建立于主/从关系之下，并且以被动的方式通过高成本的、需要有源支持的读取设备来读取。而表面通信设备却能被设置为被动和主动两种模式。除了低廉的技术成本之外，表面通信的核心优势是其显示表面可以与移动电话建立互通互用的间接操作与屏幕输入，表面通信设备与移动手机之间的配置和配对通过成熟的蓝牙技术可以快速、容易地实现。

3.5　哪些人受益于云桌

需要强调的是，云桌并非是面向所有人群。那么，哪些类型的人群适合使用云桌呢?

如果你所处的位置是经常出现多重任务场景的云端办公环境，那么你就是云桌的理想客户。设想一下，当你要负责做一个演示向公司会报，你需要与公司不同部门的主管部门一起工作。针对这种情况，在云桌的表面使用一种基于 Web 的演示程序，如谷歌演示文稿，你和部门主管都可以在闲暇时访问主演示文件，一个人所做的修改在其他人访问该文件时自动可见，并且利用基于 Web 的应用程序进行协作，将一个小组成员每个人的内容组装成一个文件。同时你还需要查看在线的公司运行监控以及企业股票情况，这可通过一个体感操作就得以实现。另外还需要与别进行一次表面通信，你只需要随意对着云桌与对方讲话就可实现。此办公场景，通过一云多屏的云桌就能顺利轻松地完成，从而帮助你将整个办公环境的多重任务复合完成并避免了冲突。

3.6 云桌——私有云体的分布表现

云计算的工作方式，可以看作为网络就是计算机。从本质上来讲，云计算网络的智能表现类似一台独立的计算机，主要用来在云状因特网上向客户提供数据和应用程序服务。该网络存在于由 IP 地址构成的“云”，也就是在因特网中，对外提供大规模的计算能力和存储能力，从而使得更广域的群组协作成为可能，这不仅仅是云计算的全部，只是一个理解性的解释，那么，云计算到底是如何工作的呢？云桌与其又有什么关系呢？

云计算的关键是一组通过因特网公开访问的计算机和服务器的组合，通常这些硬体归第三方所有并放在一个数据中心，这些硬体能够运行各种操作系统，通过互联网相互融合的这些计算机或服务器以及操作系统构成一个“云体”。对于大多使用者来讲，无需关心云计算中通过互联网相互融合的计算机或服务器的“云体”。

云桌的设计保留了服务器接口，既可以作为云端硬体构建，又可以作为服务器构建。目前，正处于云计算的初期，分布式结构的服务器虽然不是云体的主体。但在目前早期的云计算环境里充当了“私有云体”的外部补充部分，带有服务器功能的云桌在这种环境下就成为了云体的分布表现。当然云桌的构建也可以不这样选择，只限于云端硬体也许会更加实用并获得一个较高的性价比。

3.7 云桌的集成产品开发模式

实践证明，云桌的集成产品开发模式既是一种先进思想，也是一种卓越的产品开发模式。云桌产品的开发也不会错过该模式，对于实施此项目的企业都是一项投资决策。企业对云桌产品开发都要进行有效的投资组合分析，通过阶段性评审来决定项目是否继续，还是改变方向。因为云桌的开发必须符合市场需求。面对不同的使用场景，其研究开发方向不同。产品创新一定是基于市场需求和竞争分析的创新。为此，云桌的集成产品开发（IPD）模式把正确定义产品概念、市场需求作为流程的第一步，开始就必须把事情做正确。

面对世界“云计算”的兴起与未来发展，迪诺普正在全力迎合世界发展主题，这是我们的个性，这是因为我们早在2004年就展开了云端硬体框架的整合与智能化研究，在国家战略的“十一五”期间，我们完成了云桌产品研究以及云桌项目建设。面对世界云计算的崛起，我们根据云计算这个新兴事物的本质属性特征，对应开发了面对未来的云端智能硬体平台——云桌，定义了产品的概念。云计算环境下不同属性的云端都将出现，然而办公环境必须面对这个已经发生的未来，桌体平面属性的云桌正是根据此场景的市场需求，确定了研究方向。我们的付出最终迎合了办公环境的云端硬体场景要求，同时迎合了国家培育新兴战略性产业政策，迎合了世界发展趋势，这是云桌企业组织的价值取向，我们一直在这个价值取向的指引下进行了思维和行为活动。在过去的时间里，我们开发和设计了云桌，在这个新兴产业到来之际，为市场的需求——“云桌”提前做了准备工作并达到了自主能力，无疑我们做了正确的事。

云桌在开发的过程中采用了跨部门的多个团队对产品进行开发，通过有效的沟通、协调以及决策，达到了尽快将云桌产品推向市场的目的。这些团队采用了异步开发模式，所有云桌子项目都同时进行。通过严密的计划、协调以及准确的接口融合设计，把设计之初的许多后续活动提前进行，这样缩短了产品上市时间。另外建立公用构建模块，减少二次开发，提高产品开发的效率。整个云桌的集成产品开发模式都在发挥着作用。

3.8 云桌的分久必合、合久必分的趋势

事物属性的发展常常表现于分分合合，也许这就是事物属性发展的自然规律和必然的趋势。世界大事如此，云计算如此，云桌也是如此。这并非是巧合，IT 企业和计算机，也符合这个规律。早在 20 世纪 60 年代，所有的计算都以计算机主机为主。当时，IBM 提出一个说法，全世界一共需要 4 台 IBM 主机就够了，再不需要多余的计算机了，因为当时 IBM 的主机把所有世界上计算的能力都解决了。到了 20 世纪 70 年代以后，美国硅谷有一群人不相信这个局面，他们觉得世界每一个人都应该有自己的计算机，这时候个人计算机的革命开始了。于是就创造了今天人们所熟悉的各种品牌个人计算机，也创造了美国辉煌的 IT 财富，还创造了今天的互联网、移动通信，所有这些几乎都跟那场个人计算机革命有关。从大型计算机的合到个人计算机的分，大约走了 30 年历程，现在又一个合的

时代要开始了，这个合就是今天我们要熟悉和认知的云计算。

数字化计算正在发生着根本性的变化，云计算就是此变化的开始，云计算是目前正在发生的新兴事物，此变化将与十几年前的互联网出现后带来的变化同样显著。因为云计算最终使计算机虚拟化，计算机的使用方式开始发生变化，过去运行程序和数据都存放在属于用户自己的PC机里面，云计算是把用户自己的文件放到“云”里，运行程序和数据是在一个虚拟网络的计算机里，虚拟空间不受限制，有多大文件就占用多少空间，对于使用者在这里没有空间浪费，不仅如此，用户所需要的应用程序也在“云”里，用户不需要“自装”应用程序到桌面，而只需在“云端”操作，即使用户的PC机崩溃了，该程序仍然可以供其他人使用。对于用户所创建的文档同样如此，而且任何具有权限的人不仅可以访问这些文档，还可以对这些文档进行实时编辑和协作。这些与PC机为中心的计算模式不同，云计算模式是以文件或任务为中心的。这是“合”的表现。具体来说，云计算的出现使原来的PC机不再重要，不同属性的云端硬体此时将会出现，对于大多使用者来讲，无需关心云计算中通过互联网相互融合的PC机或网络服务器的“云体”，如同生活中不必关心自来水厂、发电厂，你只需在意你的水龙头终端、你的用电终端即可，正如维基百科所认为的那样，客户不需要知道如何管理那些支持云计算的设施。

云计算将计算机虚拟化了，使网络成为了计算机，网络与计算机的本质属性并没有变，互联网还是互联网，变化的只是计算机以及网络的使用方式，这是一种“合”的方式。

作为云端硬体的云桌也是如此。早期的PC机时代，在人们的办公桌上几乎摆满了各种各样的、独立功能的产品，为了能够实现数据的转化，通过人为的方式将这些独立功能的设备连接在一起，设备之间是相互识别、相互控制、相互协作的“控制自动化”形态，整个办公桌的桌面几乎摆满了这一切，复杂的连接常常给用户带来无法解决的各种麻烦。如今，云桌正在改变这一切，云桌在桌体平面属性的构架下，整合了三网融合、云端硬体、表面通信、屏幕输入、智能传感、网络视频、音乐播放、监控平台、一云多屏、网络技术、控制技术、通信技术等多样性功能。几乎集PC时代全部的分立功能于一体，这些多样性功能通过各种传感器融合了在一起，相互之间是“感知自动化”形态，可谓是“视界”大事分久必合，这就是事物发展的自然规律和必然趋势。

3.9　云桌——成就你的世界中心

面对云计算，一些行业如金融、电信、邮政、税务、保险、制造、商务、外贸、设计等都要求提高办公效率。办公环境需要面对云计算这个已经发生的未来。云桌正因此而诞生，云桌在整体设计构建中，其强大的集成功能，使其拥有了更多的融合与综合能力，具备了控制中心、信息中心、应用中心、协作中心等多层次的中心构架。在云计算的环境里，一切都将进入云端，作为云端硬体的云桌以一种智能集成融合的综合能力正在努力胜任这个环境，让使用者在云计算的办公环境里人人都能成为世界中心，世界不再需要一个中心，因为你就是世界中心，桌体平面属性的云桌利用了属性核心为用户成就自己的世界中心带来了更多的可能。云桌正处于办公环境需要面对已经发生的未来机遇！

3.10 云桌的三网融合应用

云计算的到来加速推动了三网融合，作为办公信息家具的云桌，在设计之初，三网融合是其功能的主要表现之一。因为，云桌需要面对一个复杂的办公环境，海量的、各种各样的数据，需要随时随地地编辑、互动、调用，如何才能使云桌在多样化信息渠道下实现上述任务，解决方案是借助强大的云计算平台，使这种数据处理能力、计算能力随时随地传输和调用成为现实。换句话说，云计算再加上三网融合的到来使云桌真正成为一种现实。

当然，云计算无时无处不在的方式，才使云桌互动平台有了一个全新的体验，因为信息传递需要非常有效，所以信息内容必须通过多渠道才能分发，我们相信云桌正是为这一天而到来。

人类每次技术突破以及每次新兴产品的出现，都会伴随着产品的新兴属性出现，并且都会发生革命性的变化，基于视听面向三网融合的桌体平面属性的云桌就是这个革命性的新兴产品。当下不管在国内还是在国外均为三网融合桌体平面属性的云桌发展提供了一个良好的契机，以全球化为背景，结合视听、新兴的桌体平面属性，加上三网融合技术，相信只要不断尊重新的观念、新的需求，就能创造一个新的产品与需求环境。

云桌以桌体平面属性作为产品的属性，将会大大改变平板终端显示属性的不足，为人机互动提供了平台与便利。尤其是云桌的表现，支持短距离设备间的识别，如通过表面通信支持3G网移动手机与云桌的云端硬体进行相互发现，并可通过表面通信支持与周边设备的资源共享和协同工作，信息互通互用。

云桌融合了全新的桌体平面属性、屏幕输入、表面通信、人机交互云端、三网融合数字接口、AVS、DRA网络视听等功能。并以实现三网融合及云端硬体的条件进入了办公环境，构成了真正意义上的三网融合、云端硬体办公信息家具。

第 4 章　云端硬体的多样性属性

1. 不同属性的云端硬体
2. 云端硬体需要外在属性支撑
3. 云端硬体与应用场景
4. 适应于不同属性云端硬体的传感器技术
5. 国际对云端的态度

4.1　不同属性的云端硬体

尽管云端最大的价值是来自软件与服务，但是不可否认，没有硬体作支撑，云端将不是云端。云端的崛起必须构建在硬体发展到一定程度的基础之上，因为没有这些，云端就如同空中楼阁，可见硬体对于云端是多么重要。在台式属性的时代，人们一直追求最好的计算机配置，摩尔定律几乎涵盖了这一切，直到云计算的概念提出以及逐步成为现实趋势后，人们的生活才开始不在追求最好的计算机配置（比如，只要有上网本就可以）。取而代之的是网上智能云端软件，这个智能云端似乎超越了过去一直追求最好的计算机配置的需求趋势，难道真的不需要更高配置的硬体吗？只需要上网功能，就能够满足客户的要求吗？事实并非如此，对于客户，硬体上的智能同样重要。对于终端客户来说云端使用环境与云端使用场景才是最重要，也就是不同的云端硬体属性对客户才是最重要的。对于“云”中的云端软件，哪家的智能做得好就用哪家的，这正是网络发展所带来的改变。过去，之所以要求较高的计算机硬件配置，这是因为人们需要让很多软件同时在客户端工作，这些软件中更不乏对于运算处理与内存的要求，所以，人们需要较高的CPU速度、较大容量的RAM，甚至有的还要独立的显示适配器，然而不久的将来，人们所需要的软件工具，都取之于网络中云端的时候，有些客户仍需要较高的计算机配置，但多数人其实只要一个简单的终端设备即可，这也就是为何上网本当道的原因，难道这是一种硬体设备的退化吗？当然不是，对于终端客户来说，云端使用环境与云端使用场景决定着云端的外体属性，如图4-1所示。客户端与云端本质上缺一不可，甚至可以说云端需要客户端这个基础。

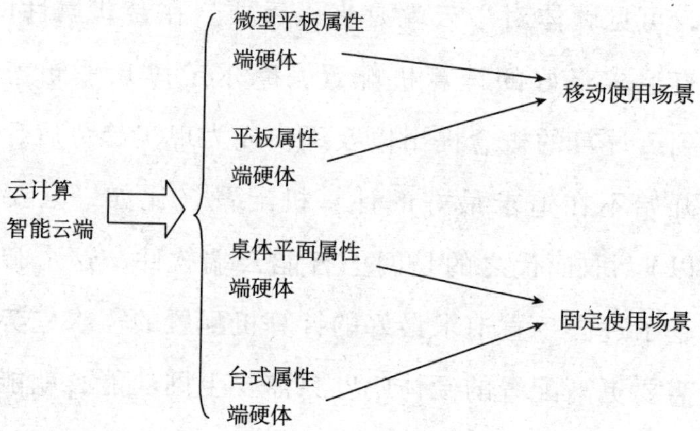

图4-1　不同属性的云端硬体及其使用场景

云端运算所呈现给客户的就是一个很简单的接口，所有的逻辑运算都在服务端处理，只要连接上网，所有的事情都可以处理，比如，谷歌推出的在线版ERP系统等，以及一些在线版的办公软件套件等。这样对于客户的好处就是，不需要在计算机上装一大堆软件，只要能够连上网络就一切都有了，可以说十分的便利。只是对于提供服务的那一端，就艰难了许多。软件的开发是一个大工程，而且还要应对客户量增大时所产生的个性服务需求以及带宽的负载量，客户增加系统就变得复杂，更不要说还需要软件与硬件设备间的整合，所以对于服务端并不轻松。

那么，作为客户端的云端硬体究竟会以怎样的属性出现呢？云计算的到来，使网络成为了计算机，计算机被虚拟化了，对于使用者只需要一个端也就是云端，同时也需要一个云端硬体，云端是使用者必须面对的云关，然而这个云端绝不是一个简单的上网设备，也就是说，简单的上网设备并不是云端的全部硬体表现，智能才是云端硬体的主要表现，各种传感器的集成与融合使用是云端的基本特征。从使用的实用性来讲，云端硬体也要满足便携、移动和固定三种方式，以尺寸划分为以 cm 为单位的便携式（穿戴）的形式、以 dm 为单位的移动手持式的形式、以 m 为单位的大型固定式的形式。目前，以厘米和分米为单位的便携形式和以分米为单位的移动手持形式的端产品借助了主流平板属性，正在影响和改变着世界，正如苹果公司 iPhone、iPad 平板属性的能够上网的端硬体产品。从目前正在影响和改变着世界的端硬体产品的本质属性角度看，“平板属性” 正是目前以及未来的趋势。

4.2 云端硬体需要外在属性支撑

面对不同的客户使用场景，对云端硬体的外在属性要求也不一样，前面介绍了移动场景的平板属性，如上网本、iPad等简单式的云端设备。基于习惯的作用，台式属性的云端硬体还会存在于各种使用环境中，但是，因其硬体缺少智能化，客户将会渐渐放弃台式属性的云端硬体。

云计算给人们带来便利的同时，人们的办公环境也随之变化，桌体平面属性的云端硬体将出现并取代传统的办公桌。这种云端硬体并非是简单化，而是需要智能化，这个智能是以传感器的集成与融合为主题完成的。它需要一个“属性”作为支撑，伴随着云计算的进化与发展，人们的固定形式工作平台将会以m为单位的云端硬体为中心，办公环境需要面对这个已经发生的未来。除了目前正在改变世界的“平板属性”，云端正在推动以m为单位的大型固定形式的“桌体平面属性”产业的进化，今天桌体平面属性已经来临并已成为现实，桌体平面——是正在和已经发生的未来属性。

4.3　云端硬体与应用场景

在云计算的环境下，云端会伴随着不同属性云端硬体应用于各种场景，也可以这样认为，不同的应用场景需要不同属性的云端硬体，如图 4－1 所示。总体来说，云端硬体大致有两种使用场景，一个是移动使用场景，另一个是固定使用场景。云端硬体属性直接决定着适合哪种场景使用，如，平板属性的云端最适合移动使用场景。现实中，不论是怎样的使用场景，在云计算的环境下都需要云端的智能化，其中也要求云端硬体的智能化，这一点与 PC 机时代完全不同，过去的计算机，无论是移动使用场景的笔记本，还是固定使用场景的台式属性 PC 机，它们的使用都是在自动化层次，面对互联网也可以是端产品，但是离开互联网又可以独立计算，其中最大的外在表现是自动化控制，可以说 PC 机所表现的是一种惯常模式“控制自动化”使用场景。

云计算的开始，原有的 PC 机将会被虚拟化，计算机的使用方式将会发生“变迁”，因为网络就是计算机，人们开始在网络中计算。云计算将会为各种使用场景提供云端，并且大多是智能云端。简单地说，云计算的本质是一种智慧类型的互联网，云计算是智慧信息技术的重要组成部分，云计算代表着信息技术当前发展的新阶段，智能化是它的外在表现。云端软件能够提供各种形式的智能化，然而在现实应用场景中，不仅需要云端软件的智能化，同时还要求云端硬体的智能化。

可以想象，云端硬体是超越于“控制自动化”层次的“感知自动化”，云端硬体正在向智能化进化，云端及云端硬体将会给使用者带来更多的便利，当然云端的智能并非是软件的单方面表现，同时也是云端硬体的智能表现，只有云端软件与硬体双重智能，云端才适合各种使用场景，不同属性的云端其智能表现，除了云端软件特有的智能表现外，最重要的是云端硬体的智能识别。这个云端硬体具有多重传感识别功能，可以说云端硬体将各种传感器大规模集成和融合在一起，构成多重智能识别。云计算环境下，云端硬体将会发生深刻的智慧变化，不同属性的云端硬体最终都以多重智能识别而融合，让更智慧的云端软件与多重识别的云端硬体相互融合，从而会更加适应使用场景，例如，“桌体平面”属性的云端硬体因为具有足够的设计空间，可以将各种传感器大规模集成和融合在一起并实现智能化，最终以固定使用方式适应于办公环境使用场景。

4.4　适应于不同属性云端硬体的传感器技术

在智慧信息化社会里，几乎没有任何一种科学技术的发展和应用能够离开传感器和信号探测技术的支持。云计算环境下的云端硬体也不例外，云端硬体的外在“感知自动化”智能主要来源于微电子机械系统（Micro Electro Mechanical systems，MEMS）以及各种不同的传感器技术的集群集成与融合使用。下面来认知一下可以集成融合应用于云端硬体中的一些多样性属性的传感器技术，以及与其相关的智能传感器与物联网的关系。

4.4.1　微电子机械系统

微电子机械系统技术是建立在微米或纳米技术基础上的 21 世纪前沿技术，是指对微米或纳米材料进行设计、加工、制造、测量和控制的一种技术。它是将机械构件、光学系统、驱动部件、电控系统集成为一个整体单元的微型系统。这种微电子机械系统不仅能够采集、处理与发送信息或指令，还能够按照所获取的信息自主地或根据外部的指令采取行动。它采用微电子技术和微加工技术，其中包括硅表面微加工、硅体微加工、LIGA 和晶片键合等技术，制造出各种性能优异、微型化、价格低廉的传感器、驱动器、执行器和微系统。目前真正能称得上是微电子机械系统传感器的只有声波传感器、加速度传感器、角加速度传感器三种。微电子机械系统在传感领域大多应用于移动和便携式小型端产品中。

1. 声波传感器

声波传感器的主要元件是麦克风。为了强化声音的质量，使用 1 组以上麦克风与相关运算来达到降低噪声的效果，同时麦克风体积需要微型化，其中包括麦克风机械部分的微型机械振动，这样就将机械振动转换成电子信号，因此，微型化的麦克风，是个纯粹的微电子机械系统传感器。

这种传感器可应用定位，并能够发出高频声波，当声波遇到软材料后被吸收，通过其他装置就可以计算出其位置。这种传感技术逐渐地被使用在屏幕输入的触摸屏上，使屏幕可以做到较大的尺寸，但这必须在传导载体的四周安置反射天线，所以不同尺寸的需求都必须订制。这项技术目前有新的延伸发展，主要是使用表面振波，也就是当物体接触控面时产生的微小振动，其他装置根据这个微小的振动来计算出位置。

2. 加速度传感器

加速度传感器能够感应物体的加速度。事实上，加速度传感器的实现方式有许多种，微电子机械系统技术只是方式之一，用微电子机械系统技术实现加速度传感器是目前的趋势。加速度传感器一般有“X、Y 两轴”与“X、Y、Z 三轴”加速度传感器两种。移动手持端产品可以感应实体翻转而自动对应翻转画面，靠的就是这种传感器技术。

3. 角加速度传感器

角加速度传感器类似于陀螺仪，它有机械式与光学（红外线、激光）式两种，当进行角度性的移动时，其感应效果不如陀螺仪好，所以大多与陀螺仪混合使用。

4.4.2 影像、亮度、磁阻、近接传感器

1. 影像传感器

影像传感器属于光电类传感器。此传感器不带机械部分。

这种传感器利用摄像机（CMOS/CCD）从正面或是背面观测接触面的光影变化并计算出位置。该技术优点是可以辨别出接触物体的形体，进而做出更多的应用，但是其缺点则是因为从正面或者是背面使用摄像机来检测识别，所以需要一定的空间和距离，并且比较容易受到外界光的影响。目前桌体平面属性的互动装置在使用该项传感器技术。这种技术随着

CMOS/CCD的技术的成熟而越来越被广泛使用，现在微型摄像机已经可以做到每秒输出一百张以上的画面，因此就目前来说，影像传感器是反应速度最快的一种技术了，当然随着摄像机的分辨率越来越高，处理速度越来越快，感光能力越来越好，将来可以做出越来越多的应用。

2. 亮度传感器

最简单的实现方式是用一个光敏电阻，或者用一种影像传感器充当亮度侦测。亮度传感器属于光电类传感器，当外界光线很复杂看不清楚时，用于感应环境的亮度，此传感器不带机械部分，甚至可能不是微型的，只是一般光学、光电传感器。

3. 磁阻传感器

简单地讲，磁阻传感器就是依据指南针原理，将这种地磁感应电子化、数字化。用来感测地磁的磁阻传感器，很容易受环境影响，必须时时校正才能用。磁阻传感器目前没有被看做是微电子机械系统的组件，有些微电子机械系统的组件会整合磁阻感测能力，但一般而言磁阻传感器尚无迫切微型化的迹象。

4. 近接传感器

近接传感器的实现技术有很多种，可以是红外线，可以是超声波，还可以是激光等。目前近接传感器更多地应用于体感传感。因为近接传感器没有微型化的需要，所以不在微电子机械系统的组件之列。

4.4.3 智能传感器

4.4.3.1 智能传感器的发展情况

智能传感器这一概念是由国外引进的，通常定义为“带有微处理器，具有信息处理功能的传感器”。根据《敏感组件和传感器名词术语》国家标准，传感器的定义是：“能感受规定的被测量并按一定规律转换成可用输出信号的器件或装置。通常由敏感组件和转换组件组成。”智能传感器的主要功能如下。

（1）自检测、自修正、自保护功能。如自动采集数据、自检验、自处理、自动存储和记忆；自校零、自校正、自标定、自补偿；自寻故障、自修正等。

（2）判断、决策、思维功能。能根据输入信息进行判断和制定决策，通过软件控制做出多种决定。

（3）双向通信、标准化数字输出或符号输出功能。特别要指出的是，智能传感器的概念是动态的、发展的、变化的。

20 世纪 80 年代，将信号处理电路（滤波、放大、调零）与传感器设计在一起，输出 4～20mA 电流或 0～5V 电压，这样的传感器为当时意义的智能传感器，称为“第一代智能传感器”。80 年代末到 90 年代中后期，将单片微处理器嵌入传感器中，实现温补、修正、校准，同时由 A/D 变换器将模拟信号转换为数字信号。这种类型的传感器不但有硬件，还可通过软件对信号进行简单处理，输出为数字信号，称为“第二代智能传感器”。“现场总线”概念提出后，对传感器的设计提出了新要求，要求实现全数字、开放式的双向通信，测量和控制信息的交换在底层上主要是通过现场总线来完成的，数据交换主要是通过 Intranet 等网络来实现，传感器设计上软件占主要地位，通过软件将传感器内部各个敏感单元或与外部的智能传感器单元联系在一起，称为“第三代智能传感器”。进入 21 世纪后，由于微电子机械系统技术、低能耗的模拟和数字电路技术、低能耗的无线射频（RF）技术、传感器技术的发展，使得开发小体积、低成本、低功耗的微传感器成为可能。这种微传感器一般装备有：一个用于感知外界环境物理量的敏感组件（如压力、温度、湿度、光、声、磁等），一个用于处理敏感组件采集信息的计算模块，一个用于通信的无线电收发模块，一个为微传感器的各种操作提供能量的电源模块，称为“第四代智能传感器”或“智能网络化传感器”。物联网在改造和提升传统产业，引领和促进新兴产业发展，推动信息化在国民经济和社会生活及国防等方面的应用，优化国家重要基础设施的效能，促进节能减排和改进公共服务等方面作用巨大，意义深远。智能传感器是物联网中必不可少的重要组成部分，智能传感器的特性如精度、稳定性、可靠性、抗干扰能力、环境适应性、功耗、成本、价格等，直接影响物联网性能的优劣和大规模的推广、应用。为了满足物联网大规模、低成本、无人值守、环境复杂、电池供电等外界环境条件，智能传感器的设计需满足以下条件：小型化、低成本、低功耗、抗干扰、灵活性高。智能网络化传感器系统由四部分组成，即数据采集子系统、数据处理子系统、无线通信子系统、电源子系统。数据采集子系统中，敏感组件面对的是外界环境的模拟信号，采样被测物理量。为了满足控制实时性要求，信号采样必须保证实时性，要求输出的信号为数字信号。数据处理子系统由微控制器、存储器、嵌入式实时操作系统、测试和下载接口构成。微控制器是一个低功耗的系统级芯片，可以把数据采集子系统送来的信息直接处理。存储器用于存储数据、测量值及其他客户定义的数据。嵌入式实时操作系统，用于提供实时的调度与管理。测试和下载接口为调试和下载程序提供标准接口。无线通信子系统由天线连接器和无线射频电路组成。电源子系统由电源供电单元和动态电源管理单元构成。动态电源管理单元支持运行相应的低功耗运算法则，最大限度延长电池的使用寿命。智能网络化传感器在物联网中应用时，通常涉及流程工业连续测控领域，可用于不同的网络场合，遵循不同的协议标准，要保证所设计的传感器完全满足这些协议较困难，就必须考虑接口问题。接口设计是智能网络化传感器与普通传感器的区别之一。传统传感器的研发主要由硬件构成，研究对象局限于传感机理、材料、结构、工艺等物理方面，而智能传感器的智能性则是在硬件基础上通过软件实现其价值。软件在智能传感器中占有重要地位，而智能化的程度与软件开发水平成正比。软件开发用于实现建立传感器模型、标定参数、选择最佳模型等。智能传感器在硬件制造方面的关键技术主要有以下几个方面。

（1）智能传感器模块中各芯片的设计技术。设计必须满足小型化、低成本、低功耗、抗干扰、灵活性要求，利用Ansys和MSC. Patran、MSC. Marc、MSC. Fatigue软件进行芯片设计和仿真。需建立数学模型、线路设计、可靠性设计等工作。

（2）智能传感器的制备工艺技术。需突破MEMS工艺与集成电路IC工艺的相容性技术，智能传感器的小型化封装技术，智能传感器规模化生产技术等。

（3）智能传感器的可靠性技术。目前国产传感器最大问题是产品可靠性不高，直接影响传感器应用，可靠性性设计、可靠性试验、可靠性筛选、可靠性管理这些技术问题必须贯穿产品制作始终。

（4）智能传感器接口技术，特别是与外部网络的接口。

智能化传感器从客户使用角度来看是一个具有标准数字接口的模块单元，客户可以按照面向对象的方法来设计自己的产品或应用系统。智能传感器内嵌了标准的通信协议和标准的数字接口，使构造同类或不同类的复合传感器（多个传感器的集群与融合）变得非常容易；同时借助标准的通信支持组件，智能传感器可轻而易举地组成网络或作为客户网络内的一个结点。

4.4.3.2　智能传感器的主要特点

智能传感器的主要特点如下：

(1) 能够完成对信号的采集、变换、逻辑判断、功能计算。

(2) 能实现内部自检测、自诊断、自校正、自补偿。

(3) 具有搭建同类和不同类多个传感器的复合能力。

(4) 能与其他系统实现单向或双向通信。

(5) 提供离散输出或模拟输出。

(6) 极大地提高了传感器输出的一致性、重复性、稳定性、准确性及可靠性。

(7) 使应用开发更简便、经济、快速，具备良好的兼容性。

(8) 具备在线标定和校准能力。

(9) 允许客户的控制程序下载至智能传感器。

(10) 具有自我学习功能。

(11) 具备传感器休眠功能。

作为单一信号探测装置的传感器正在逐渐被淘汰，同时具备信息采集、传送和处理功能的综合型智能传感器正在成为云端硬体智能化应用领域的主流产品。

为了适应云计算环境下的物联网日新月异的发展，人们开始注重对于智能传感器的研发与创新，智能化产品具有多功能综合性、易于定制化、高度可用性以及与新型通信网络技术相结合特征。通过协议间的完美结合，使传感器拥有了和云端硬体直接通信的功能，并构成云端硬体的重要组成部分，云端硬体从而具备了高效的智能化特性。射频识别技术与智能传感器的完美结合，使云端硬体在物联网时代更好地为客户服务。桌体平面属性的云端硬体为上述各种传感器提供了足够的设计空间，为桌体平面属性的云端硬体“感知自动化”的智能化提供各种路径和外在表现。

4.4.3.3 智能传感器的优势

与传统的传感器相比，智能传感器之所以备受青睐，主要是因为其多功能性。智能传感器相当于微型机与传感器的综合体，其主要组成部分包括主传感器、辅助传感器及微型机等部分。

与传统的传感器相比，智能传感器具有以下优点：

（1）自补偿功能。对信号检测过程中的非线性误差、温度变化及其导致的信号零点漂移和灵敏度漂移、响应时间延迟、噪声与交叉感应等效应的补偿功能。

（2）自诊断功能。接通电源时系统自检，系统工作时实现运行的自检，系统发生故障时的自诊断，确定故障的位置与部件等。

（3）自校正功能。系统中参数的设置与检查，测试中的自动量程转换，被测参量的自动运算等。

（4）数据的自动存储、分析、处理与传输等。

（5）微处理器与微型计算机和基本传感器之间具有双向通信功能，传感器技术与 RFID 技术完美结合。

4.4.3.4　智能传感器的应用

目前，智能传感器技术正处于蓬勃发展时期，具有代表意义的典型产品是物理变量智能变送器和二维加速度传感器，以及另外一些含有微处理器的单片集成压力传感器、具有多维检测能力的智能传感器和固体图像传感器等。与此同时，基于模糊理论的新型智能传感器和神经网络技术在智能传感器系统的研究和发展中，其重要作用也日益受到了相关研究人员的极大重视。

21 世纪对先进传感器的要求必须具备小型化、智能化、多功能化和网络化等优良特性，其中，智能化特性可以说是重中之重。在当今工业自动化领域，智能传感器多用于压力、力、振动、冲击、加速度、流量以及温度、湿度的测量，在云端硬体中也已经开始显现。

在今后的发展中，智能传感器无疑将会进一步扩展到云端硬体、电磁、光学和核物理等研究领域。可以预见，新兴的智能传感器将会在不同属性的云端硬体中发挥越来越大的智能传感作用。

4.4.3.5 智能传感器发展的不足

就目前来看，智能传感器所达到的技术水平并不成熟，主要集中在以下几个方面。

（1）数据的自存储功能远不够强大。以带有通信协议的传感器为例，其传感器内部存储器空间仍不足以存储大量的诊断以及参数配置信息，仍然需要上位 PC 机来进行存储，这也是需要解决的问题。

（2）智能传感器支持的通信协议不多，亟待更新。目前智能传感器支持的通信协议只有 HART 协议与 IO – Link 协议两种，还有一些编码器类产品支持 Profibus – DP 协议和 Device Net 协议，而其他协议尚未兼容。为了更好地适应物联网的飞速发展，提供更多的通信协议的支持更为重要。

在科学技术不断进步的大背景下，通过利用专家系统中得到的算法对智能传感器提供更好的校正与补偿，可以使智能传感器功能更多，精度和可靠性更高，优点更突出，并且应用更广泛。

4.4.3.6 智能传感器的发展与物联网息息相关

物联网的飞速发展，无疑是与智能传感器的技术进步息息相关的。这里不得不提到的一个概念就是RFID技术。在物联网中，传感器的作用是由信息采集层和网络层构成的信息感知体系，是整个网络链条需求总量最大且最基础的环节，同时，也是物联网技术的支撑，传感器感知了物体的信息，RFID赋予其电子编码，这样，就实现了从传感网到物联网的演变，体现了信息技术的高速发展。

现在传感器间的信息量已超过计算机或其他应用，成为信息交互的主流，其在感知层、网络层与应用层都有各自攻关的关键技术。传感网与因特网的高效融合，能实现人与物、物与物的互联，从而有效地推进物联网的发展。因此，传感器核心芯片和传感器网接入因特网的技术，将成为今后几年IT前沿技术进展中优先攻关的瓶颈。这样，如何更好地将传感器与RFID通信技术、WIFI通信技术以及3G和4G通信技术相结合，便成为了未来智能传感器发展的主要方向。相信，随着物联网的飞速发展，智能传感器必然迎来一个全新的时代。

智能传感器的发展和演变可分为三个阶段，即数字化阶段、智能化补偿和校准阶段、智能化应用和网络阶段。下面简单介绍智能化应用和网络阶段。

智能化应用和网络阶段的典型结构是：模拟式传感器+数字变送+智能补偿校准软件+网络支持+智能化传感器控制软件。其主要特点是在智能化补偿和校准阶段的基础上，引入了网络支持和智能传感器控制软件，从而把智能传感器的特点、功能发挥得淋漓尽致。该阶段的技术核心是在智能化补偿和校准阶段的基础上，引入微操作系统和网络通信技术，建立人机互动界面，建立智能传感器的标准硬件和软件体系。

该阶段的智能传感器具备一种或多种敏感能力（复合传感器），可完成信号的检测和处理、逻辑判断、双向通信、闭环控制、自检和自诊断、智能校正和补偿、功能计算、网络通信等功能。

自温家宝总理发表“感知中国”重要讲话以来，物联网这一概念，在全国如雨后春笋、如火如荼。物联网的提出与兴起，对传感器，特别是智能传感器的发展带来了前所未有的空间与契机，现在已经在传感器业界引起广泛的注意和足够的重视。

有人提出物联网是物与物之间相连的互联网，核心基础仍是互联网。也有人提出物联网不是互联网的下一代，是互联网应用的拓展。物联网的内涵要比传感网大，比泛在网小，物联网要实现物到物、物到人、人到人的信息获取、传输、处理等管理功能。尽管物联网还在进化，物联网的初步定义为“通过传感装置，按约定协议，将物与网连接，实现信息管理的一种网络”。这里的传感装置可以是智能传感器、射频识别器、其他获取信息的传感装置等。这里的网可以是互联网、传感网、局域网、个域网、以太网、现场总线网等。我国物联网总体尚处于起步阶段，为推进物联网产业发展，工业和信息化部将采取四大措施支持电信运营企业开展物联网技术创新与应用工程，主要内容如下：

（1）突破关键技术，实现科技创新。如低能耗、低成本、通用性、实时性、智能性等共性关键技术，“协同”处理技术，推广应用技术等。

（2）制订发展规划，全面合理布局。重点发展高端传感器、MEMS 传感器、智能网络传感器、传感器节点、传感器网关；超高频 RFID、有源 RFID 和 RFID 中间件；重点发展物联网相关的终端设备、应用软件和信息服务。

（3）推动示范应用，带动产业价值。目前物联网的应用主要在八大方面，即工业领域、农业领域、智能电网、交通运输领域、物流领域、医疗卫生领域、节能环保领域、公共安全领域。建设应用示范工程，确立以应用带动产业发展模式，提升物联网在应用过程中产业链的整体价值。

（4）制定统一标准，保障健康发展。根据产业需求，形成技术创新、标准制定和知识产权协调互动机制。加强关键技术研究，建设标准验证、测试和仿真等标准服务平台，加快关键标准的制定、实施和应用。积极参与国际标准制订，整合国内研究力量形成合力，推动国内自主创新的研究成果走向国际。

4.5 国际对云端的态度

云端风暴已经来袭，这是一场正在发生和改变全球数亿人群利用计算机信息的新兴革命！云运算也被市场调查机构 Gartner 称作云端计算。云计算被视为全球十大科技趋势之首，它所引发的“云”风正袭击着全世界。云计算背后所隐藏的庞大商机正吸引着谷歌、微软、IBM、苹果、亚马逊、甲骨文、惠普、戴尔等龙头企业，他们都已经大举跨入云计算领域并抢占先机。云计算的火红程度，就连美国总统奥巴马也非常重视；2010 年 9 月，美国政府发布了官方网站 Apps. gov，作为一个云计算应用的前沿平台。美国政府的首席信息官（Chief Information Officer，CIO）Vivek Kundra 宣布：Apps. gov 可以被用来降低政府运作成本，为政府各部分注入活力和创新。在 Apps. gov 上的基于云的软件被集中存储和运行，但可以在不同的设备上使用。Kundra 说：“这是一个一站式的云服务来源。”该网站提供的服务共分为四类：商业应用、云服务、生产力应用以及社会性媒体软件。因为，政府在目前的经济萧条期是唯一稳定的IT预算来源，所以很多IT厂商对此感到兴奋。已经参与了Apps. gov的厂商包括：Salesforce，Google Apps，Carahsoft，Combinenet，Integrated Solutions。其中，Salesforce的Force. com和Google Apps明显处于主流的位置。Kundra说，运用云端科技开发出来的新政府网站Apps. Gov将取代旧有的IT信息系统。据美国《纽约时报》报道，Apps. Gov预估将会使美国政府每年省下750亿美元的支出。从目前的情况来看，以搜索引擎起家的网络巨擘谷歌在这方面居于领先地位，但是以生产个人计算机作业平台为主的微软，也意识到这样的改变，微软正投入大量的资源准备加速进行。谷歌执行官施密特（Eric Schmidt）在演说中更大胆地说："云计算引发的潮流将比个人计算机的出现更为庞大！"这股强大的风暴会加速信息产业所带来的革命新局面。

从近来亚马逊、IBM、谷歌、微软、甲骨文及雅虎奇摩等厂商所推出的产品或服务来看，Web 2.0的概念在于"与使用者互动沟通"、SAAS则是其宣称有助于企业"降低信息投资成本"的服务传递新模式，而云计算则是实现上述应用的"新形态基础建设架构"。

4.5.1 云计算的影响

以前，如果你要上网把要用的数据、程序下载下来，却发现计算机硬盘容量太小或软件版本不对必须更新，你有过像这样烦人的事情而把自己弄到手忙脚乱的经历吗？也因此你的个人计算机的功能必须够强大，需要更快的中央处理器、更大的硬盘容量、不断更新版本的软件。但如果进入云端，等于一下子拥有几百台超级计算机在帮你处理，你不必再花费很多钱升级计算机配置，就能享受高速运算的能力，你可以在线存放越来越多的信息，也可以通过一般网页浏览器取得各种软件，这样拥有哪一款计算机或使用哪一种软件突然间变得不是那么重要了。云计算时代一旦真正来临，你不必再背着笔记本电脑到处跑，计算机坏了、被偷了也不要紧，因为你的资料都在云端上。只要一组账号密码，就可以把所有能上网的装置，比如随便一部手机、一台平板电脑都变成你的个人计算机。

云端计算基础架构的基本概念已经受到许多全球最大企业的首席信息官们的青睐，这些一度持怀疑态度的主管们，在亲身体验了云计算技术所带来的诸多效益之后，归纳出以下几项优点。

（1）经过验证的网络服务整合。

（2）世界级的服务传递。

（3）不需安装任何硬件和软件。

（4）部署时速度更快，风险更低。

（5）适合应用程序开发，支持深入自定义项目。

（6）加强商业使用者的能力。

（7）自动升级不影响 IT 资源。

4.5.2　云计算掀起产业商机

2009 年 3 月，IBM、思科、EMC 、SAP 等 20 多家知名科技公司，以及近 100 家小公司，共同发布《开放云端宣言》（*Open Cloud Manifesto*）：“云计算业者应同心协力，确保能通过公开合作和适度采用标准，解决使用云计算可能遭遇的挑战，包括安全性、整合性、可移植性、互操作性、管理、测量与监测等。”希望为云计算建立标准，确保业者之间的兼容性，让客户更容易转换平台。

谷歌、IBM、微软、雅虎等著名企业也看好云计算的潜力，尤其这些企业本身的条件很容易发展云计算，再加上虚拟化已经展现实用价值，两者结合将有更大的效果，并且更加成熟。那么，云计算的商机有多大？根据 2009 年国际数据信息中心（IDC）的数据显示，未来五年云端服务的平均年成长率可望达到 26%；市场调查机构 Gartner 将云计算列为 IT 产业未来十大趋势首位，其报告指出，至 2012 年美国《财富》

(*Fortune*)五百家大企业中会有四百家使用各种不同的云计算服务。谷歌、微软、亚马逊、IBM、戴尔、惠普等国际知名企业，都大举跨入不同层次的云计算领域。云计算领域如表 4-1 所示。

表 4-1 云计算领域

层次	服务内容与方式
上层	软件服务（software as a service，SAAS）。打破以往被少数几家企业垄断的局面，所有人都可以在上面自由创意，提供各式各样的软件服务
中间层	平台服务（platform as a service，PAAS）。打造程序开发平台与操作系统平台，让开发人员可以通过网络编写程序与服务，一般消费者也可以在上面执行程序
底层	设备服务（infrastructure as a service，IAAS）。将基础设备（如IT系统、数据库等）整合起来，将其分隔成不同的空间模块供企业租用

4.5.3 企业界在云端上的竞争

过去，新技术的推广是沿着学界、政府、业界这条线发展，最后才是个人。现在，个人反而变成新技术的最新采用者。积极推广云端服务的谷歌也是从消费者开始，逐渐往企业端发展，渐次成形的 Google Apps 就是网络办公室软件套件，包括信箱、文件、投影片等。但谷歌并不因此而满足，已经上线的 Google App Engine，更是一个网络平台，让开发者可自行建立网络应用程序。

微软是另外一家积极推动云计算的企业，微软的策略是软件 + 服务，强调产品的弹性化。微软打算针对每一种现有的软件，发展出相应的云端服务。据美国《商业周刊》引用高盛调查指出，有 9% 的受访者打算除了现有软件，额外使用更多微软的云端服务。

除了谷歌与微软结合自己的优势，提供软件与网络平台作为云端服务外，还有更多其他领域的厂商，通过网络提供云计算资源。最著名的例子就是网络零售业龙头亚马逊的亚马逊网络服务（Amazon Web Service），把自己架设好的 IT 架构与资源开放给其他公司，亚马逊跨入云计算领域，有可能成为下一次网络龙头。在基础架构方面，IBM 也推出蓝云（Blue Cloud）计划，在中国无锡建立第一座大型的商用数据中心。

4.5.4　云计算的两大价值：创新和多样性硬体

当基础建设都完备了，云计算究竟给产业带来什么样的改变？谷歌全球副总裁 Sundar Pichai 认为，在云计算的核心下，将带来创新机会，让更多人去开发全新规格的硬体。

在云端架构中，将应用服务放在“云”上，最终将由硬件来负责诸如如何连接云端在内的这些任务，Sundar Pichai 说，未来数据和应用程序可以随着用户在各种硬体装置间无缝转移，这将是对一般端使用者最大的改变。从软件到硬体，都是云端带来的商机，“九霄云外，深不可测”或许可以用来形容现在的云端硬体产业情形。到底还有哪些硬体商业模式可以踩云追月，用户端的云端硬体产业者应该善用机会，创造出一片属于自己的全新领域。

4.5.5 结论

尽管目前云计算发展尚未成熟，各方褒贬不断，但从全球角度来看，云计算势在必行，发展是迟早要进行的事。虽然，现在国内只算是在创始时期，还是充满不确定的因素，但是也有许多国内外的企业家已经投入庞大的资金并付诸行动，用“诸侯混战时期”来形容现在全球云端产业割据的状况，再适合不过了。众所周知，早期大型主机时代是IBM的天下，PC机时代是微软的天下，网络服务时代由谷歌称霸。现在云端是谁的时代？云端硬体将是谁的时代？还说不出个子丑寅卯所以然来。不论曾经在哪个时代风光一时的国际同业业者，如今面对云端及其云端硬体，都在以最积极的态度全力抢攻。

亚马逊、IBM、谷歌、微软，这些世界知名企业，在几年前你可能还想不到他们有什么共同点，但是他们曾经从事过分布式计算，他们都熟知云计算的本质属性。今天，面对云端产业，看起来和平、不相冲突的他们似乎一夜之间全都成了竞争对手，并在云计算市场中已经展开激烈的角逐。

第5章 桌体平面新兴属性产业的趋势与价值

1. 伟大的创意
2. 云桌的主动创新
3. 从办公信息家具到信息家电
4. 桌体平面电视与桌体平面显示器
5. 云桌的绿色与智能

5.1 伟大的创意

当“桌体平面属性”的云桌给你带来震撼时，你怎么也不会联想到这是一个新兴属性的构架产品，展现在你眼前的各种神奇的功能，总是让你无法描述云桌的本质，“神奇”几乎是你全部的描述！

当今社会，各种创意以其所向披靡的趋势几乎横扫了你的旧有视觉残留，以至于演化成一种风靡世界的创意产业趋势。云桌也不例外，这些创意趋势正在影响旧有的经济模式，并已经进化成为全球新兴产业经济，并正在成为最具活力的、最具经济发展的朝阳产业，这些产业正在以超常规的速度创造着价值与财富。

当你从“云桌”事物的本质属性开始认识它的时候，也许你会不经意地发现别人看不见的东西，当更多的人还处于被“神奇”现象影响当中的时候，不知道你发现了什么？从“云桌”事物的本质属性去看问题，你会发现一种与众不同的属性的云端趋势，你会发现一个神奇的力量就在你的认识当中。云桌的神奇是桌体平面属性的外在表现，云桌的神奇不仅仅是桌体平面属性所带来的功能再现。

云桌的创意最终表达的是“神奇”，这个“神奇”是我们所熟悉的事物采用了一个新兴的使用方式；云桌的创意并非是不靠谱的想当然，我们知道任何一个创意的生成，都必须建立在当下消费者的需求之上，离开了需求任何创意只是昙花一现。

云桌的设计定位，就是建立在需求的本质之上，云桌的创意始终都在围绕需求与实用这两个基本因素。云计算来了，不同属性的云端都将出现，桌体平面属性的云端，为云端的智能化增添了无限的可扩展空间。巨大的桌体平面属性不同以往 PC 机，过去的 PC 机虽然是台式属性，但是从来就没有离开过桌体，与之相伴的是各种桌体，无论是电脑桌、办公桌都曾经是台式属性 PC 机的摆放平台，然而今天的桌体平面属性的云桌已经具备了桌体，这两种事物已经不再“单宿单飞”，如今已成为一体，可以说云桌的设计是云端嫁接了桌体的“跨界整合”创意，如何让云桌功能最大化以及最为实用，已成为设计创意的首要定位。众所周知，办公桌在人们生活中是不可或缺的桌体平台，是需求较大的必需品，云桌的设计借助了桌体平面属性的优势，构建其核心属性并使其完成创意核心定位——云桌，高端办公平台。

云计算来了，办公环境必须面对这个已经发生的未来，桌体平面属性的云端，不同于平板属性云端，桌体平面属性的云端是以 m 为单位的大型云端，桌体平面属性为云端的发展提供了无限的空间，目前，近 500 项发明专利权利要求为其成就着‘神奇’的表现。桌体平面属性为云端的集成化融合提供了种种可能，让设计者可以尽情发挥，智能、传感、集成、复合、融合都将成为设计者的创意选择，如此一来桌体平面属性云端的“破茧成蝶”综合表现就化成了“神奇”，云桌的创意本质如同魔术般一样，最终云桌在云计算的环境下，借助云计算网络，世界各地协作者共同工作的协作场景将出现在已经发生的未来办公环境当中，如果云桌的使用者是你，那么你就是世界中心。

5.2 云桌的主动创新

多年以来，我一直从事着电子计算机与显示行业，但是不论怎样努力，面对着行业，我和我的企业在行业中的地位一点也不重要，对于行业的影响可以说是无足轻重。不仅如此，我身边许多企业也是如此，我们一直从事着繁重的制造，曾经每一个产品都让我们很兴奋，每一个产品都为我和我的企业提供了成功的可能，可是，世界总是让我们无奈，到底是什么让我们失去了主导的力量？在过去我们的做事方式是什么行业赚钱，我们就做什么行业，什么产品赚钱我们就做什么产品，甚至500强大企业也来找我们做代工，但是我们还是不重要，甚至让我和我的企业走向了沉没。我们曾经为松下公司代工CRT机壳面板，但是伴随着台式属性的CRT整个行业的退出，又一次让我的企业失业了。有人说，在企业管理上只要为500强企业服务好就可以，不一定将自己变成为500强。我似乎找不到可以反击的理由，为什么我们总是不能把握趋势，不能在行业中起到主导的作用呢？

有人告诉我:“这个世界从来就没有天促其成的好事，除非你主动。”一直从事制造的我们是否该换一种方式做事呢？当我们从事物的本质属性的角度去揭示产业趋势时，以此作为一种思维方式，我们发现了我们缺少的东西，那就是对事物的本质属性的认识与拥有。我们原来只是制造者，并非是事物的创造者，更不是事物属性的拥有者，也就是说我们失去了事物的核心“内容”。是我们忽略了属性，由于主动原创不是源自自己，也就是自己并非是事物自身的主动始创，原创过程让先行者占据了事物原创进化的历史空间，没有主动的原创让我们失去了对事物属性的核心拥有，失去属性核心，就没有了轴心，忽略了对事物的原创，也就失去了对事物属性的掌握，失去了对事物属性拥有的重要性。

据 2005 年统计，在发达国家，90% 的跨国公司把技术创新作为企业战略的主要内容，80% 建立了研发中心，大多数企业至少把销售额的 5% 投入到研究当中；在中国 168 家中央企业拥有的专利总数不到日本佳能公司的一半，99% 的企业没有专利，掌握核心技术的企业仅仅占万分之三。可见过去我们曾经失去了对大多事物的主动原创，失去了对事物以及事物本质属性的拥有，也就是我们曾经失去了事物的核心“内容”。

我在迪诺普企业的日子里，作为首任 CEO，尽职几乎成为我的全部。我带领着我的团队设立“云桌”项目时，为了不失去对云桌的核心内容的拥有，一开始的设计创意构思，就把云桌的属性作为了核心，定位于桌体平面属性并主动研发，没有什么比主动更重要、更具有价值。有一种核心创新并非是技术，而是对核心的认知，是提高自主创新能力的认知。我们深知竞争环境越是激烈，被动的人、被动的企业所经受的打击就越多，只有主动才可以占据优势地位。

目前，云桌正在主导以桌体平面属性为核心的办公信息家具行业，正在主导桌体平面属性云端在云计算这个已经发生的未来属性的办公环境。相信这一定是主动的力量。

5.3 从办公信息家具到信息家电

利用 IT 与智能传感器的合力，以及桌体平面属性云端强势形成的云桌，以其独特的优势正在“偷袭”办公家具市场。云桌正在建立与办公家具不同的办公信息家具新兴行业。云桌以其强大的智能云端作为办公平台，面对云计算这个办公环境已经发生的未来，云桌的竞争态势正在努力超过客户的期待值，“换代”已经成为云桌的竞争态势。办公家具信息化、智能化可以说是云桌的本质属性的外在表现，如果说这是一次办公信息家具的革命，还不如说这是云计算环境下的一次桌体平面属性云端产业变革。

作为云桌的创造者，我们更希望有一天云桌的家庭化版本能够面世，将云桌的“神奇”服务于大众。我们正在为此建立着更多的基础，利用云桌作支撑，增加产业路径，将云桌融合为桌体平面属性的智能信息家电，还原其用户端智能云端电子信息产品真正面目。

在云计算环境里，伴随着网络的智能化升级，数字化、网络化、智能化的智能信息家电将会出现多样性，家具与家电整合将成为智能信息家电的多样性表现之一。办公信息家具与智能信息家电的界限将会被模糊化，比如，桌体平面属性的云桌、触摸桌子，无论是作为办公信息家具还是智能信息家电，其本质属性都不会有明显的界线，办公信息家具也同样是智能信息家电的一种表现，并且非常实用。

今天智能传感控制技术、信息技术的飞速发展也为桌体平面属性办公信息家具的感知自动化和智能化提供了可能。从广义的分类来看，办公信息家具或智能信息家电产品实际上也包含了网络家电产品，未来无论是办公信息家具还是智能信息家电都将向多种智能化、自适应数字化、网络化三个方向发展。多种智能化是办公信息家具尽可能在其特有的工作功能中以感知自动化的智能活动的功能。自适应数字化是办公信息家具根据自身状态和外界环境自动优化工作方式和过程的能力，这种能力使得办公信息家具或智能信息家电在其生命周期中都能处于最有效率、最节省能源和最好品质状态。网络化是建立办公信息家具或智能信息家电社会的一种形式，网络化的办公信息家具或智能信息家电不仅仅可以由客户实现远程控制，同时还能作为云计算环境下的云硬体设备，在三网融合的条件下，办公信息家具或智能信息家电之间也可以实现互操作。

办公信息家具是利用数字技术、网络技术及智能控制技术设计、改进的新型网络终端产品。这使得办公信息家具未来的方向也是充分融合到云计算网络中去。

要制造出商业化的办公信息家具，有许多的技术问题仍然需要解决，这涉及硬件和软件两个方面。对于办公信息家具关键是对各种信息的处理方式。不管办公信息家具什么时候可以形成大规模商业化生产，可以设想桌体平面属性的办公信息家具将会成为未来云计算环境下的云端硬体发展的趋势，前途将无限光明。

目前，无论办公信息家具还是智能信息家电，其整体技术都在不断提高。办公信息家具或智能信息家电的发展，关键在于采用了先进的多样性传感控制技术，从而使办公信息家具从一种普通用具变成一种具有智能的设备，使智能办公信息家具体现了智能信息家电存在方式的最新技术面貌。

云计算的出现，不仅仅是改变计算机的使用方式，它将会影响人们的日常生活各种场景，在未来的云计算时代，所有的信息家电控制也许都将由云端控制完成，并且会因此提高家电的智能化。当然，桌体平面属性的云桌同样适应于信息家电。

5.4 桌体平面电视与桌体平面显示器

我们曾经经历了 CRT 台式属性和 LCD 平板属性两个时代的交替，不论是台式属性的 CRT 电视还是平板属性的 LCD 液晶电视，都给人们留下了深刻的印象。

传统的台式属性、平板属性电视机大多立放使用或挂在墙面上或放于支架上或吊顶安装，这些电视机的屏幕主要用于“只看”功能，虽然可以满足多人同时观看，但无法满足多人同时操作。只限一个人使用遥控器操作。在现实的生活中，人们观看电视更多的时候是坐在沙发上、坐在茶几前，与“只看”功能的台式属性和平板属性的电视机有一定的距离，人与电视机的屏幕无法实现零距离互动，无法实现真正意义上的互动。随着平板属性液晶、等离子平板数字电视机的发展，出现了网络功能电视机、互动电视机，用户由“看”电视转变为“用”电视。但是，人与电视机屏幕之间的人机界限仍然非常明显，虽然有些电视具备计算机及显示器功能，但人与电视机的互动只能借助遥控器或数字机顶盒或键盘来完成，人机交互通道较单一，并且数字平板电视机的使用方式仍然是立放或挂在墙面上或放在支架上或吊顶安装。

平板属性液晶电视其结构设计是以超薄为特征，但是液晶显示的背光模组与液晶显示器之间非常接近，背光模组贴装于液晶显示器的背面，其显示结构使平板属性液晶电视形成单一的平板属性，在人机互动使用上虽然可以实现触摸，但是，因平板属性液晶电视的平板显示结构限制，使液晶显示的人机互动识别技术局限在电阻、电容、表面声波、红外感应等几种触摸技术，因平板属性液晶电视的平板显示结构限制，使平板属性液晶电视表面不能利用本身的透射特性去实现对人或物体的光学影像识别，使大屏幕的平板属性液晶电视的功能受到很大局限。

一直以来计算机显示器用来数字及图形显示，人与计算机的交互与输入一直利用点击式的键盘和鼠标，人机交互的结果在显示器上显示。显示器主要以台式属性 CRT 和平板属性液晶显示器为主，计算机使用者可以将显示器放置在桌子上或机柜里或镶嵌在桌体内使用，作为显示应用在同一方向可以多人观看，但是在使用上仅限于个人使用，不能多人同时使用。伴随着单点触摸技术的发展，一些液晶显示器增加了触摸交互功能，因为显示器的使用属性限制，虽然在显示器的显示表面可以进行人机交互，但是，仍然不能多人使用，较大的显示尺寸的平板显示器放在表面上，给使用者带来了很多不便。比如，平板大显示器立放于桌子面上，占据桌子表面的面积太大，大尺寸显示器遮挡视线，显示方向局限在个人使用，不能实现多方位的多人集群使用。另外，在液晶显示器显示表面无法进行实物体的形状输入与水平表面停留方式输入，进而操控计算机，这些都是因液晶显示器的平板结构及其立式使用方式才使液晶显示器的应用受到局限。

另外，现有电视机与带有近场通信功能的手机一直不能互用，电视机不能代替手机作为网络电话使用，电视机也不能与手机信息共享，一些手机电话虽然带有电视功能，但是无法实现与现有电视机显示屏幕表面融合互动与通信。由于功能和使用上的局限，现有的电视机用途狭窄，除了用于长时观看使用以外，其他多通道多重复合使用效率很低。在使用上也不具备小型移动手持平板液晶显示的双向识别、短距离无线通信，因平板属性液晶电视的平板结构使平板属性液晶电视的应用受到局限。

桌体平面属性的电视（显示器）根据现有的台式属性 CRT 显示器和平板属性液晶显示器技术的不足，提供“透射光场空间”的桌体平面显示，利用多重光学影像识别及触摸传感器与桌体结构作为壳体结合在一起，可以实现多人在屏幕表面上直接操作，利用透射光场空间的桌体实现多重触摸表面输入，从而进行人机交互。

5.5　云桌的绿色与智能

当前，环境对制造业提出了更高的要求，能源紧缺对制造业的制约日益加剧，中国制造业必须要增强自主创新能力，以人为本，实现人与自然协调发展，提升附加值和国际品牌竞争力，实现由制造大国向制造强国的历史跨越。而发展绿色和智能制造则是实现该历史跨越的关键所在。

绿色制造，是指在保证产品的功能、质量和成本的前提下，综合考虑环境影响和资源效率的现代制造模式。它使产品从设计、制造、使用到报废的整个产品生命周期中不产生环境污染或使环境污染最小化，符合环保要求；节约资源和能源，使资源利用率最高，能源消耗最低，并使企业经济效益和社会生态效益协调最优化。

绿色制造已成为 21 世纪机械制造业的发展趋势，是实现资源、能源高效清洁循环利用与环境影响的最小化，有效保障我国现代化进程与装备制造的有效供给与有效利用，建立资源节约型、环境友好型社会的重要途径，且具有相当的紧迫性。

当今世界各国都在积极追求绿色、智能、可持续的发展。智能发展就要推进信息化与工业化融合，不断创造新兴经济点、新兴市场、新兴的工作形态，提高社会运行效率，实现互联互通、信息共享、智能处理、协同工作。云桌的本身正是一个极为绿色的云端硬体模式，因为云桌关注的是高效运行、低能耗、低成本、绿色办公环境。

云桌作为一种新兴的云端硬体模式，其高效、灵活、节能等特性，将会越来越多地推动企业商业模式的变革与创新，推动社会向绿色、智能这一美好的愿景进化。

第6章　与时俱进的桌体平面属性

1. 屏幕输入与 TFT－LCD 桌体平面显示器
2. 云桌的“非法度”创新思维
3. 新兴崛起的“桌体平面”属性
4. 触摸桌子——桌子与计算机的融合

6.1　屏幕输入与 TFT - LCD 桌体平面显示器

自 TFT - LCD 显示面板诞生以来，以其作为显示器件的电视及计算机显示器，更多的是以“只看”功能为主，显示器或电视机直接应用了 TFT - LCD 显示面板的“平板”属性，以至于形成了今天的平板电视与平板显示器以及平板显示产业。TFT - LCD 液晶电视或显示器的“平板”属性是由 TFT - LCD 液晶基板成像技术特性决定的，“平板”属性只是 TFT - LCD 液晶面板的一种使用方式，也是 TFT - LCD 液晶面板的固有特征。早期的另一种显示技术 CRT，其成像技术特性决定了 CRT 电视与 CRT 显示器的台式属性，CRT 永远不能作为平板属性使用，TFT - LCD 液晶面板特有平板属性与 CRT 的台式属性形成了鲜明的对比，台式属性与平板属性是不同的两种属性，我们共同经历了这两种属性时代的交替。平板属性的出现，使人们对电视与显示器产生了前所未有的追求，“超薄”一时成为时尚，以至于形成主流。平板属性给 TFT - LCD 显示产业带来了空前的发展，更多的客户为超薄的“平板属性”付费。我们不得不说，

TFT - LCD 平板显示产业的崛起，是平板属性使其获得了伟大的胜利。然而技术的进化与客户的追求仍然在继续前进，近期触摸技术尤其是多点触摸技术的兴起，使电视与计算机的输入技术也发生了前所未有的变化。传统典型按键式的键盘和鼠标输入方式已被动摇，多点触摸方式的“屏幕输入”技术正在全球悄然兴起。输入技术的进化正在推动并形成新兴的“屏幕输入”方式，是什么推动了“屏幕输入”技术的进化？触摸技术只是“屏幕输入”技术的一种，即便是多点触摸也不过是“屏幕输入”的一个通道，今天“屏幕输入”技术的进化绝不是单一的触摸技术进化兴起的结果，这与计算机的发展与进化不无关系。键盘与鼠标的诞生，曾经推动了计算机的发展与进程，键盘与鼠标承担了计算机的主要输入任务，早期键盘与鼠标的输入速度远远大于计算机的运算速度，以至于经常出现“死机”的现象。今天计算机发生了巨大的变化，高速多核 CPU 的出现使计算机的运算速度大于键盘与鼠标的输入速度，也就是说键盘与鼠标已经开始阻碍计算机的发展与进化，除此之外，键盘与鼠标的单一通道输入方式也阻碍着计算机的发展与进化。近期，随着云计算的兴起，云端显示正在催生多点触摸的屏幕操作（平板属性的 iPad、iPhone 正在使用多点触摸技术），作为云端显示器的桌体平面计算机显示器更适于云端的操作与显示，云计算网络正在推动多触摸操作显示界面。由此各种输入技术正在兴起，尤其是“屏幕输入”技术，比如，RFID 射频标签与图形标签加上移动电话的短距离无线信息交互的屏幕表面停留输入技术，多点触摸的屏幕表面的移动输入技术，虚拟键盘与鼠标的屏幕表面虚拟输入技术等多重多通道“屏幕输入”技术。伴随着多种“屏幕输入”技术的需求与兴起，各种的“屏幕输入”方式都以屏幕水平化使用方法为最佳的理想设计需求，也就是需要将显示器的屏幕水平化，使显示器的屏幕如同桌面一样形成水平状平面，如此构成的显示器的显示界面也形成一种水平屏幕接口（Interface Planescreen）显示界面，整个显示器完全桌体化，形成一种桌体平面显示器，在桌体平面显示器屏幕的表面完成停留输入、移动输入、虚拟输入等各种方式的多重多通道屏幕输入。尤其是高透大尺寸的 TFT - LCD 显示面板的成熟正在催生这项技术的兴起。此变化将与十几年前的 PC 机出现后所带来的变化同样显著。

这个桌体平面显示器由 TFT - LCD 显示面板、CPU、屏幕表面停留输入、屏幕表面移动输入、屏幕表面虚拟输入等多通道屏幕输入技术、表面通信技术、互动电视技术、FRID 射频识别、表面融合显示技术整合成为一个新兴的多重“屏幕输入”数字集成系统，将其设计成一个属性为桌子形状的桌体平面显示器。桌面就是一个大屏幕，通过手指在桌面上触摸操作就可以实现人机交互，多人、多个方位指可同时互动并可同时操作这个桌体平面显示器。将多个带有电子标签或图形标签的物体放在桌体屏幕表面上，屏幕表面就可以自动识别这个物体。将键盘与鼠标虚拟化进行屏幕输入，保留原有键盘输入的习惯。桌体平面显示器将一改计算机由 PC 机向 MC 机转化，把握这个变化与机遇，建立一个新兴的桌体平面显示产业，推动信息家电是我们必须共同面对的新挑战。传统的TFT－LCD 平板立式“只看”功能的电视与显示器，已经无法满足多通道多种输入方式的“屏幕输入”的要求，改变 TFT－LCD 显示面板的使用方法，将其形成桌体结构并设计成桌体平面显示器，最终形成桌体平面属性的全新显示器。目前各种屏幕输入技术催生、衍生出来的 TFT－LCD 桌体平面属性显示器正在世界兴起，桌体平面显示器的出现将会推进电视与显示器由“只看”功能向“用”和“玩”功能的加速转化与实质性、跨越性发展，显示领域将又一次产生全新“属性”上的革命。届时，TFT－LCD 面板使用方法的改变，可以使平板 TFT－LCD 产业向更深层次的桌体平面显示产业延伸。世界桌体平面显示器新兴产品的出现，将会使信息家电和信息家具与显示市场出现前所未有的新兴景象。

6.2　云桌的“非法度”创新思维

2004 年“云桌”项目确定后，我负责主持这个项目的全部研发与设计。当时许多困惑让我不得不重新思考“云桌”项目的定位，没有什么比思考更加艰难，审视“云桌”的定位，首先是确定云桌的功能属性以及云桌所要包含的内容。这是一次艰难的创新，对于我和我的团队来讲是第一次也是最艰难的一次创造。在那一刻，我不得不进入一个全新的创新思维模式，帮助我去完成“云桌”的创造。今天“云桌”获得了成功，站在展厅的中央看着大屏幕上的“云桌”宣传片，让我审视着我和云桌团队的辉煌成果，让我有了与大家一起分享那段激情的“云桌商业演说”的冲动。

自从桌体诞生以来，桌体平面办公平台一直是主流办公平台，但是，从现在起 denops 公司要超越和改变它们。

云桌，一种独立于现代新兴云计算办公环境的云端，最初——只是用于触摸桌子，denops 公司——通过战略性资金及国家专项资金的投入与研发，面对办公环境已经发生的未来，使它——可以用于云端智能的高端办公环境，比如，总裁高端办公平台。

请看全球首台——云桌的使用视频实况。

每个云桌——都融合了新兴的云端智能元素、桌体平面显示元素、屏幕输入元素这三重元素，通过桌体平面屏幕，可以进行表面通信，甚至可以利用其表面进行云端操作、体感操作——都不在话下——正如您所见，它不再局限于——桌体平台功能，它可以利用屏幕表面进行云端环境智能化操作，它实现了桌体办公平台从“平凡”到“高端智能化”的转变。一旦拥有，这种新型云桌的投入使用——将会给您带来巨大的利益，您就可以掌控这些大国科技——成就高端平台，您就是世界中心。

云桌可以让您——在云端智能的办公环境里——达到更多的使用目的，全球目光所期望的云桌已经出厂。请到达 denops 指定的体验厅，在那里您可以达到拥有这个“云桌”的目的。

如果说云桌代表着我和云桌创作团队的成功，在此能够与读者分享的并非是云桌产品，而是让我获得创造成功的思维！

1. “非法度”创新思维

人类每次创新的成功，都会推动人类文明进化，都会带来一个新的文明，每一次创新的成功，都将是人类社会的一次革命。

创新是整个人类的需求，也是人类独具的“类禀性”，即人类的本能，是人类最高级、最为复杂的心智活动，是人类的主动需求，同时也是人类思想和行动上的要求。任何创新都需要一个过程，那些共知、共识、公认、习惯等若干“法度”常规，为创新提供着可能，同时又阻碍着创新成功，于是创新就建立在“打破一切常规”的不破不立的“非法度”状态，“非法度”行为就构成了创新的开始和希望。由此可见，“法度”常规是创新的第一屏障。穿越法度常规进入“非法度”空间，创新才迈出了第一步。当法度常规使你无法主动变化、与时俱进的时候，你将会发现，无论你曾经有多大的价值，有多好的资源，也都没有用了，因为你已经无足轻重了。这时，法度常规就成为过渡，一种迫切的要求使创新达到临界边缘，打破甚至放弃法度常规，完全进入“现实”中来，一个“非法度”的变化与创新即将开始，而这只是穿越了临界边缘迈出了第一步，这个临界还无法达到规模而使创新进入艰难阶段，这个临界规模是非法度创新的持续屏障。

一个临界规模还没有形成足够的势，使非法度创新进入“黑障”期，能否逾越“黑障”，成为非法度创新成功的关键。由于打破一切常规，使非法度创新进入“全新”过程，这个过程就是创新能力。创新者在思维方式上必须破旧立新，必须摆脱简单思维、直线思维、慢性思维的法度束缚，这是一个痛苦的过程，它意味着对自我、对过去的某种否定。创新不是个人的异想天开，它是人类的丰富实践和主动创造。实践是创新的源泉，只有长期学习，长期积累，才能从厚积薄发的力量中真正提高创新能力。在创新的过程中肯定有阻力和风险，可能会遇到挫折甚至失败。因此，创新要有一种不满足于现况的进取精神，有为求真知、求新知而敢试、敢闯、敢于冒风险的大无畏勇气。这些不断的进取精神和勇气来自强烈的事业心和责任感，来自于强烈的时代紧迫感和历史使命感。这些都是非法度创新过程中必备的创新能力。创新能力是非法度创新穿越“黑障”期的主要凭借之一。创新能力的高低决定着非法度创新进入“黑障”期后能否成功穿越的关键。同时创新脱胎于什么样的环境，也就是创新起点制约着创新水平。这个创新环境同样是非法度创新穿越“黑障”期的主要凭借之一。

创新是人类永恒的需求，有需求的同时也有要求，并不是每一次非法度创新都能获得成功，创新者穿越“黑障”期同时，也面临着失败的可能。有了要求就有了目标，当要求达到一种呼唤、一种趋势时，创新的关键与核心就会明确，创新的目标也就开始明确。创新者就会对资源进行整合，掌握核心与关键，使创新“临界规模”形成。并且使这个“临界规模”具备足够的能量，使创新更易成功，寻找并接触更多人群的“要求”，同样是穿越屏障的关键。因为创新不能没有目标，找到这个“要求”，以全新的方式努力并满足它，就会由此引起社会生活和人们观念的改变。创新用满足“要求”来穿越屏障。创新不能游离趋势之外，创新不是对原有事物的改进、改良，而是否定，是质的改变，是旧事物的灭亡和新事物的产生。

人类每一次创新都会加速人类文明的进化，每一次创新的成功，都会带来一个新的文明，就像达尔文的进化论所描述的那样——你会不经意地感受它的到来。如果等到创新成功、文明进化，它的力量爆发以至于形成全球化趋势的时候，才去关注它、把握它，那你就落后了，每一次纯粹的“非法度创新”都是人类社会的一次革命。人类历史上就出现过这样的文明进化。

人类经历了因技术创新而产生的三个文明阶段。第一次技术革命是18世纪后半期蒸汽机和纺织机的发明和运用。这一次技术革命的诞生，推进了人类文明进程，这次创新的成功为大英帝国确立了在世界全球化进程中的霸主地位。19世纪后半叶，当第二次技术革命的诞生——电力被发明和应用时，也正是这种技术变化，引起全球经济的中心偏移。美国在世界经济交往中的中心地位得以确认。以信息业为核心的第三次新技术革命的诞生大大加速了经济全球化的进程，这次新技术革命的诞生尽管使美国仍然处于世界经济全球化的中心地位。但同时也带来了全球化，使世界变得越来越平，以信息业为核心的新技术革命的创新延续，不仅带来了全球化也创造了一个地球村。创新也可以使国度之间相对差异化，创新可以建立贸易壁垒，创新也可以穿越贸易壁垒，创新已成为国际竞争的主要体现之一。

2. 创新的“非法度”行为

需求是创新的目的，创新是满足需求的手段。而更多的需求都是建立在非法度层次上。如果认为创新就是“首创前所未有事物”，这样以“物性论”本质来定性，那么“前所未有”的属性就是一种非法度的属性，因为“前所未有”不在已有的共识共知法度范围内，一切配称创新的东西，不论它是无形观念形态之“物”，还是有形可见物体之“物”，它们都必须是“前所未有”的。那么创新的最高属性“无”中生“有”一定是“非法度”因素。

如果认为创新就是“人类的独具禀赋和创新者的出众品格”，以“人性论”本质来定性，“出众品格”也就是与众不同之处。创新是创新主体的头脑对自然和社会的资源要素进行独特解读、组构和整合的结果，具备与众不同之处。主体的“与众不同”也是一种与大众共知、共识、共能对所不能的非法度属性。主体能够独立思考、独家发现、独家表达、独家论述，如果没有“与众不同”之处的非法度品格，就难以确立起真正的“创新主体”地位。只有那些具有“视人所未见，思人之所未想，创人之所未造，发人之所未明”，这样出众的品格，方能奠定“前无古人，后无来者”的非法度创新主体地位。

如果认为创新是人类认识和发展史上的一种“辩证否定关系”，那么它具体地表现在批判性的摆脱关系、建构性的函数关系和超越性的更替关系三方面。首先，创新是一种批判性的摆脱关系，创新必须摆脱对既定法度现实的依附，摆脱对传统常识、常规、套路的法度依赖，摆脱墨守成规、因循守旧、思想僵滞的法度行为，等等，是非法度创新的历史和逻辑的起点。

如果认为“创新的本质内涵在于社会性”并以此本质来定性，而整个社会的“全面变革和整体转型”不在法度的系统模式内，社会性创新它以“全面变革和整体转型”为属性，它关系到科学基础研究、技术改变、发展模式、战略、产业结构、经济政治体制和机制、文化、民族精神、价值体系、理论、科技、组织、制度、管理等方面，那么“全面变革和整体转型”就是非法度行为创新。

如果认为创新“只有第一，没有第二”，以“第一”作为本质属性，因第一个“发现”、第一个“发明”、第一个“突破”等，同样不在已有的共识共知的法度范围内，一切能够以第一为创新的东西，也视为非法度创新。

非法度创新没有标准限制，只有需求上的要求，非法度创新体现在不熟悉的一种新的特征、新的方法、新的方式，非法度创新不需要建立在科学上新的发现的基础上，它需要开辟并进入一个新的领域。

随着对创新的认识，以及人类对创新的诠释，对创新的认识更多地被提升到战略发展行为，为多元领域的创新提供一个应用环境的界面。创新已经成为一种呼唤和潮流，创新的开发重点是创新功能资源互补，分散资源凝聚，增量资源开发，功能整合。创新认识与创新方法正在受到人们越来越多的关注。

云桌的诞生并获得成功曾经得益于这个“非法度”的创新

思维，好东西总是要拿出来与大家一起分享，本书中出现过许多与众不同的内容，不排除是受这个创新思维的影响而导致了我与众不同的思维模式。

6.3 新兴崛起的“桌体平面”属性

2007 年，在《华尔街日报》的“All Things Digital”会议上，微软演示了表面计算技术，并由此组建了一个桌体平面属性的“Surface”平台，无须鼠标和键盘，只用双手和触摸屏，就能即时、交互地轻松管理自己的数字内容，尤其是手机、数码相机与桌体平面属性 Surface 平台的表面通信技术，引起了世界的关注。接着在 2008 年拉斯维加斯美国无线通信展上，微软公司把自己的 Surface 多点触摸桌再次亮了出来，这个桌体平面属性功能相当强大，能够同时支持 52 个接触点的控制。也就是说，这样一张桌子至少能够支持 5 个人的同时触摸操作，客户可以通过触摸的方式来进行操作，无论是图像、视频、文档都能用这样的方式打开，而且支持拖拽操作。微软公司已经和美国无线运营商 AT&T 达成合作协议，AT&T 将成为微软 Surface 多点触摸桌的重要销售商之一。这种桌体平面属性的 Surface 多点触摸条的互动性非常强。这样操作模式深深地吸引了大众的目光，Surface 多点触摸桌对于未来相关技术的指导意义非常重大，尤其是云计算环境下的云端。2008年，美国微软公司在加州卡尔斯巴德举行的一次科技会议上再次隆重推出 Surface 电脑。这款电脑配有一个30英寸的水平显示器，嵌在黑色的桌面内，显示器下方装有多台能感应物体的照相机。多个客户可以同时用手指或屏幕上的画笔进行操作。与大多数触摸屏相比，这种桌面式电脑最大的特点是能同时对多个触摸做出反应，非常适合多人场合使用。另外，该电脑还能识别带有特殊条形码的一些物体，比如客户将手机、数码相机或者随身听等放在“桌面”上，就可以方便地让它们与电脑传递数据，还可以用手指拖动照片、旋转照片或将其放大。该桌体平面属性的电脑已经在美国网络运营商 T - Mobile 的门店、星达屋国际酒店，还有哈里赌场娱乐集团的营业场所启用。在美国星达屋国际酒店，客人们可以围在“桌体平面式”电脑周围欣赏音乐，并能点击屏幕上的条形码用信用卡来购买下载歌曲。在酒店餐厅里，客人可以利用该电脑来点餐和结账。而在哈里这个全球最大赌场娱乐集团的营业场所，顾客可以通过浏览电脑上的地图来获知附近的景点、预订演出门票和餐饮等。比尔·盖茨曾预言：鼠标、键盘很快都会消失，人类将运用最自然的肢体接触，操控计算机。微软近期在美国推出把计算机结合进咖啡桌的大型触控面板计算机，号称是未来十年的数字趋势；微软经过七年研发的大型触控面板计算机，正式名称为表面计算机（Surface Computer），让使用者可以直接又自然地操作。

索尼公司也推出一款桌体平面属性的触摸桌子，这种桌子的桌面是一块 35 英寸的多点触摸屏，而人们只需要像使用其他的触摸设备一样在那上面指指点点就能完成各种日常或是其他类型的工作。

这听起来有点像科幻电影，索尼日前宣布其多媒体触摸互动设备 atracTable 将会在不久推出。该产品将能呈现出高清影像，具有多触控互动功能。显示桌面可以分辨胳膊的肢体动作和手指手势，其情绪分析系统甚至可以感应到操作者的表情，得出操作者是高兴还是悲伤的情绪判断。该产品配有两台索尼 3D 摄像机来监控操作过程，所以使用者无须直接接触到屏幕也可以对桌面进行操作。

正在崛起桌体平面属性的产品已经进入人们的现实生活。未来将会出现一种新兴的景象，相信你已经被这种新兴属性的产品所吸引。当然这些都是端的进化所得到的结果，如表6－1所示。

表 6－1　端的不同属性进化与功能特征趋势

功能特征	早　期	近　期	现在与未来
硬体属性特征	台式属性	台式属性＋平板属性	平板属性＋桌体属性
显示部分功能特征	只看功能	看＋用功能	看＋用＋玩
显示屏幕使用方式特征	立面使用	立面＋多角度使用	多角度＋平面使用

续表

功能特征	早　期	近　期	现在与未来
应用功能特征	电视与显示	显示器与终端	端计算与智能端
芯片功能特征	较大体积处理器	微处理器	微处理器 + 智能处理器
操作特征	键盘、鼠标	键盘、鼠标、触摸	屏幕输入 + 体感操作
桌面特征	系统 + 应用 + 独立运行	系统 + 应用 + 整合运行	Web + 智能 + 网络运行
进化特征	功能单一或复合	功能整合与集成	功能融合与智能

6.4　触摸桌子——桌子与计算机的融合

触摸桌子的桌面是一种桌面就是屏幕、屏幕就是桌面的桌体平面属性显示装置。当前很流行，其桌面屏幕的多点触摸可为使用者提供动感的交互体验，在桌面水平屏幕上实现许多诸如旋转、动画、飘动等新颖的效果。客户在这种桌体平面属性的触摸桌子屏幕表面可以实现多人多点的信息交互，让客户感到一种虚实融合、亦真亦幻的奇妙视觉感觉。触摸桌子的多点触摸屏互动展示系统正是当前信息传播领域的一项革命性技术创新。

触摸桌子是一种将电脑和桌子融合在一起的桌体平面属性的新兴产品，美国麻省理工学院媒体实验室就曾经向人们展示过其研发的记忆桌子（MemTable）技术。客户通过触摸桌子的桌面可以操作电脑。只要在桌子上轻轻点击图像，就可将文件或者地图提取出来，与坐在一起的其他人士分享，还可以将会议中探讨的内容记录下来，或者给文件中的内容加标注，供其他人随后采用非同步的方式浏览。多点触摸控技术已经使得很多便利的操作方式成为可能，今后还可以通过手指在屏幕上的动作变换实现更为复杂的功能，就像画家使用画笔一样自如。

全球许多类似的触摸桌子产品都已经相继出现，市场已经出现一些新兴景象，尽管与时俱进的触摸桌子已经进入部分市场，但是大多都是以定制（客制化）为主，目前触摸桌子产品最大的挑战是行业标准及其产业化。

参考文献

[1] Lawrence E. Harrison, Samuel P. Huntington. Culture Matters: How values shape human progress. New York: Basic Books Group, 2000

[2] Peter Skarzynski, Rowan Gibson. Innovation to the Core: A blueprint for transforming the way your company innovates. Boston: Harvard Business School Press, 2007

[3] John Naisbitt, Doris Naisbitt. China's Megatrends: The 8 pillars of a new society. New York: Harper Business, 2009

[4] Marc Benioff, Carlye Adler. Behind the Cloud: The untold story of how salesforce. com went from idea to billion – dollar company – and revolutionized an industry. San Francisco: Jossey – Bass Publishers, 2009

[5] Frank H. T. Rhodes. The Creation of the Future: The role of the American university. Ithaca: Cornell University

Press, 2007

[6] Richard j. Goossen. E – Preneur: From Wall Street to Wiki: Succeeding as a crowdpreneur in the new virtual marketplace. Pompton Plain: Career Press, 2008

[7] John Naisbitt. Mind Set!: Reset your thinking and see the future. New York: Collins Press, 2006

[8] 张为民，唐剑锋，罗治国，钱领．云计算深刻改变未来．北京：科学出版社，2009

[9] Peter Fingar. Dot. Cloud: The 21st century business platform built on cloud computing. Tampa: Meghan – Kiffer Press, 2009

[10] 胡钰．从“中国制造”到“中国智造”．北京：人民出版社，2008

[11] 王建国．IP 理论．北京：北京大学出版社，2008

后　　记

2008年年中，我和我的团队完成了对“云桌”的创作与研发，终于可以告一段落了。那种释放的轻松让我联想到了成功的代价，接下来我的精力开始转向云桌项目的建设和营销策划。许多商业伙伴都告诉我，找一家策划公司就可以完成此事，不必亲力亲为。当时我没经过思索就照做了，没过多久一家很有名气的策划公司就找到了我。见面后，我详细介绍了公司、产品和我的意图愿景，还为他们提供了大量资料，临行前他们告诉我有了具体策划方案会通知我。接下来关于策划这件事，我开始期待着他们的方案，更希望能够有让我满意的奇迹出现。

2008年，全球经济危机开始蔓延，当时我们正在建设云桌项目的工业园以及研究院和办公大楼。与那些抱着悲观态度保守的企业相比，无疑我在冒险，甚至可能是倾家荡产，因为我的融资正在面对着这个严重的经济危机环境，在国内本来就不被资本市场看好的高新技术，在这种环境下可想而知。此时我开始隐隐约约看到了我即将面临的艰难与困境，很明显，此时的投资行为是很不明智的选择，可是我已经身在其中，早在2006年就已经开始云桌项目的策划与投入；2007年开始建设，作为企业CEO的我必须重新思考应对这个严重的局面。当时建筑钢材以及建筑材料一天一个价格，让我们失去了很多准备，因为工业园的厂房主体是钢结构，需要大量的钢材。当时，我做出了一个非常的决定："暂时性停建"，避开这个变化较大的危机风头，就是这个举动让我们节省了近1000万元的成本。可以说，这个正确的决定拯救了我的企业。

2008年年底，全球到处都是经济危机的景象，从表面上看，这场危机正在蔓延，许多企业都失去了投资的兴趣，就连资本市场也是如此。"暂时性停建"省下的1000万元几乎就成了企业当时那一刻的救命本钱，在最为艰难的2008年年底，我们资本融资失败后，开始了民间与社会融资，此时国家的一些金融政策也正在面对经济危机这个环境及时出台。民间与社会资本在当时起到了重要的作用，我们也获得了好处，尽管如此，我们的融资仍然进行着。

毫无疑问，融资是企业创业中最具挑战性的事情，资金压力往往会使企业中途破产。可是没有什么可以阻挠我们那份创业的激情，我们一直在努力，相信我们有能力去实现它。经济危机的影响持续到了2009年，当时正是国家第十一个五年计划实施的第三年，面对经济危机，国家以4万亿元的投入，支持国内恢复经济。当时我们正在申请省级发改委的产业化项目，在众多省、市、县政府人员的支持下我们获得了国家融资，并且还是4万亿元中的中央预算内投资。向国家融资成功后，企业开始发生了巨大转变，到了2010年年底，整个云桌项目顺利完工。回想那段艰难的日子，当我冷静了下来的时候，一直思考到底是什么让我的企业经历如此的艰难过程还能获得成长呢？

我喜欢从事物的本质属性的“全局性”角度去看问题，当然这个问题也不例外。虽然企业的本质属性很复杂，但是究其根本，企业的创立与运行都需要资本，不论是原始资本还是运行资本，企业获得资本的能力也是企业创造负债的能力，创造负债是企业本质属性的一部分，企业行为大多是商业行为，企业利用商业行为将负债转换成最大价值，然后获得偿还负债的能力，剩余价值就是企业的生存价值，原来负债是企业本质属性的一部分，创造负债和负债偿还也是一种催促动力，是企业的本质属性决定着这一切。

到了2010年，我始终没能拿到一个实质性的营销策划，最关键的是，他们的表现让我很不满意，我要的他们做不到，他们要的我又给不起，如果能够用钱就能解决营销策划问题，也就不需要企业和团队的那些知识工作者了。这家策划公司并没有从我的企业本质属性的“全局性”去看待我的营销策划，可以说他们的策划方案不适应我的企业，最为关键的是，他忽略了营销策划的本质属性，一味推崇明星代言的营销，缺少“全局性”的角度，缺少对营销策划这个事物属性不同层次的属性定位，这是我一直以来看问题的角度，当然更缺少“价值最大化行为”的具体营销策划路径。其实找专业的策划公司进行策划，也就是寻找一个营销路径，策划当然很重要，但是策划路径有的适合你，有的不适合你。幸运的是，2011 年我已经拿到了让我非常满意的营销策划，一个非常适合我的营销路径方案，相信不久云桌项目会得到广域的发展，届时市场将会出现与众不同的“云桌”新兴景象。

2010 年年底，我从美国密歇根州底特律考察回来，总算有一点时间，我整理了过去一年的工作总结报告，完成了企业大法的草案，同时也完成了本书的编稿，希望通过本书的出版能够为读者找到一个新的认识问题的角度。企业管理总是需要不同的有效路径，通过事物的本质属性去看问题，并通过事物的本质属性的“全局性”去揭示产业趋势，希望更多的读者能够通过本书改变一下自己看问题的角度和解决问题的路径，更希望帮助你找到你想要的趋势！

因为我处于 CEO 的位置常常会遇到这样那样的复杂问题，我知道处理这些问题会有很多种方式与方法，但是我习惯了从事物本质属性的“全局性”角度去看问题，并经常会得到别人看不到的东西，还经常把事情做得很好，好东西总是要拿出来和大家一起分享。这也是对“到底是什么让我的企业经历如此的艰难过程还能获得成长”的正面回答。

做正确的事。2010 年，我的企业正在处于发展状态，面对世界“云计算”的兴起与未来发展，我们正在全力迎合世界发展主题。这是我们的个性，这是因为我们早在 2004 年就展开了云端硬体框架的融合与智能化研究。2010 年年初我国成立了云计算协会，在国家战略的“十一五”期间，我们完成了云桌产品研究以及云桌项目建设。面对世界云计算的崛起以及世界云计算相关软件的进化，我们根据云计算这个新兴事物的本质属性特征，对应开发了面对未来的云端智能硬体平台——云桌。我们的付出最终迎合了国家培育新兴战略性产业政策，迎合了世界发展趋势，这是我们迪诺普企业的价值取向，我们一直在这个价值取向的指引下进行思维和行为活动。我们在从事我们事业的过程中始终遵循“尊重个性发展，提供平等机会，崇尚诚信竞合，打造学习团队，建立高效组织，满足客户需求，提升公司价值，赢得股东信心，善待善用资源，创造和谐环境，真诚回报社会，追求共同愿景”。企业宗旨这些都是我们企业的价值观，我们在过去的时间里开发和设计了具有极高商业价值的云桌，在这个新兴产业到来之际，我们提前主动做了准备工作并达到了自主能力，我们做了正确的事。其实这一点也是我的原则，也是我的企业发展之道。

做可靠的事。2011 年，我们正处于“十二五”计划的开端，我们的企业战略已经与国家的战略不期而遇，云计算产业已纳入国家战略，世界云计算正处于风起云涌的朝阳状态，即将进入成长阶段，我们所从事的云桌产业也正是朝阳产业并已经进入成长阶段，我们做到了与政府信息对称，与世界信息对称。办公环境需要面对云端这个已经发生的未来，我们创造了办公信息家具——云桌，我们做到了与市场信息对称。在这个云计算新兴事物诞生的时空里，我们通过观察首席执行官、总裁、高端人士这些消费者所需要的智能云端平台，我们做到了与消费者信息对称。这充分证明我们所从事的云桌项目事业的这件事是可靠的。

用正确的方法做事。我们以科学技术与知识为支撑，进行系统专项研究，完成了近500项云端硬体——云桌的专利发明权利要求，完成了适应产品竞争的关于云桌各种技术属性的发明专利，如：系统专利、结构专利、属性专利、技术专利、嫁接专利、产品专利等，申请了各种具有代表性的关于产品、技术、行业等商标，制定了企业标准，申请了国家标准，完成了产品规格书，完成了云桌技术物化并已达到产业化标准，我们创造了自主知识产权，建立了桌体平面智能端产业及其信息家具新兴行业，这些是我们做事的工具与手段，为企业日后的持续快速发展提供了保障。当然最为核心的是，我们创造了“桌体平面”属性。

人类曾经经历过多次经济危机。纵观历史，人类每次经济危机的背后往往都会催生技术变革或产业革命，都会催生重大科技创新和科技革命，例如，1957 年的世界经济危机推动了电气革命，1929 年世界经济危机引发了航天、航空、核能技术的突破。今天我们又一次面临着世界经济危机，云计算在此时的出现，正在催生着一场新的技术革命。面对这个趋势，当你无法主动进化和与时俱进的时候，你将会发现，面对云计算趋势无论你曾经有多大的价值，有多好的资源，也都没有用了，因为你已经无足轻重了，忽略了属性，你将不再重要——经济危机还没有离开我们，通货膨胀还在预期内，此时云计算又来了，并且云计算已经成为世界趋势，在今天的环境里，你一定在思考未来的趋势，因为掌握了趋势就意味着掌握了未来。无疑在全球经济震荡的时期，把握最新趋势，把握这个进化的新兴事物属性并进行创新是企业走出低谷的最佳方法。本书的出版，尽管是“微博”的，但是，还是真诚地希望能够起到帮助你的作用！

张海宏

致　谢

我在此对那些曾经支持过这本书的朋友们表示感谢。我的感恩之情源自我在博士学习过程中的许多博士生导师，无论是我所学到的管理理念，还是管理哲学以及国际精算，均应归功于曾经帮助过我的教授。对我最为关心的李克诚教授和王强教授，他们教会我的不仅仅是一种学习态度，而是极度希望我能够学会思考并积累使自己变得更有用的人。在他们的指导下，将我引入博士学位教育，使我有了更多的博士生导师，让我学习持续不断。我同时感谢对本书提供过具体帮助的所有朋友，特别是你们的见解和修正对本书有着巨大的贡献。